ORANDO A TRAVÉS DE LOS

SALMOS

UNA GUÍA PARA
LA ORACIÓN
CONTEMPLATIVA
USANDO CUENTAS
DE ORACIÓN ANGLICANAS

"Aprecio mucho el recordatorio de Cindy de ir más despacio y prestar mucha atención mediante el uso de la repetición en cada salmo. El primer salmo, el salmo 4, preparó el escenario. "Ten misericordia de mí y escucha mi oración" "Ten misericordia de mí y escucha mi oración" "Ten misericordia de mí y escucha mi oración". Esto me ayudó a posicionarme. Qué maravilloso recordatorio mientras oro los salmos, mientras avanzo a lo largo de mi día, mientras vivo y trabajo en el mundo ofreciendo oraciones inaudibles. Esta repetición y todas las otras me ayudaron a aquietar mi cuerpo y alma y escuchar la voz de Dios en mi momento presente."

– Cindy Zimmerman, Directora Espiritual

"Orando a través de los Salmos no es un manual sobre cómo participar eficazmente en la oración, más bien es una invitación al corazón de Dios y a conocer Su presencia, bondad, gracia y amor más plenamente. Este libro te guía a cómo construían sus ritmos nuestros antepasados. Y si oramos los salmos con estos ritmos, abriremos los tesoros de la Palabra de Dios, permitiendo que esas verdades se hundan más profundamente."

– Obispo Ken Ross

"Hoy más que nunca necesitamos escuchar la voz de Dios. La perfecta combinación de la oración y los Salmos, como medios de gracia, nos permitirá conocerlo mejor y crecer espiritualmente. Tengo experiencia en orar la Palabra, pero Cindy en este libro nos presenta una alternativa novedosa para orar a través de los Salmos. Que el Señor te acompañe en esta aventura de oración."

– Arzobispo Dr. Héctor (Tito) Zavala Muñoz, Primado de Chile

"Muy a menudo, nuestra vida de oración parece dispersa y débil, como si solo estuviéramos hablando con nosotros mismos dentro de nuestras cabezas. ¡Si tan solo hubiera una manera de salir de nuestras cabezas y arraigar nuestra relación con Dios en el lenguaje de las Escrituras y la obra del Espíritu en la iglesia! La profunda vida de comunión de Cindy Hamilton con el Padre, de la que he aprendido personalmente como amigo, se refleja en esta útil guía. Volver a los caminos antiguos es a menudo la forma de renovar la vida, y las cuentas de oración anglicanas pueden ser una ayuda poderosa a lo largo del viaje."

– Rev Kenneth Robertson, Vicario, Iglesia Anglicana Internacional

ORANDO A TRAVÉS DE LOS

SALMOS

—⸺ ⌇ ⸺—

UNA GUÍA PARA

LA ORACIÓN
CONTEMPLATIVA

USANDO CUENTAS
DE ORACIÓN ANGLICANAS

Cindy Hamilton

Traducido por:
Pablo Zavala Ahumada y Carola Zavala Ahumada

PEMBROKE STREET PRESS

PEMBROKE ST. PRESS

Orando a través de los Salmos: Una guía para la oración contemplativa, usando cuentas de oración anglicanas
Copyright © 2020 por Cindy Hamilton
Todos los derechos reservados.

Publicado por primera vez en 2019.
Segunda edición publicada en 2020.

Las solicitudes de información deben dirigirse a:
Pembroke St. Press, LLC, 307 S State St., Nampa, ID 83686

ISBN 987-0-9992904-4-6   (softcover)

Impreso en los Estados Unidos de América

*Dedicado a Brad Hamilton, mi esposo,
mejor amigo y colaborador en el Reino.*

CONTENIDO

AGRADECIMIENTOS

Con el más profundo agradecimiento a Pablo Zavala Ahumada y Carola Zavala Ahumada por traducir "Orando a través de los Salmos" al español. Esta nueva edición no existiría sin ellos.

Al Arzobispo Tito Zavala por su gran amabilidad de tomarse el tiempo para leer este libro y ofrecerme sus pensamientos.

A Carlos Punsin Rey y Constanza Punsin Chamorro, estoy muy agradecida por estos obreros del Reino que ofrecieron su tiempo y talento para editar la traducción al español.

Estoy muy agradecida con mis amigos que me han animado en este emprendimiento durante los últimos años: Obispo Ken Ross, Pastor Ben Fischer, Pastor Jordan Kologe, Pastor Jeromie Rand, Pastor Derek Roberts, Pastor Ken Robertson, Pastor Tony VanDenBerg, y la diácona Lisa VanDenBerg, Hugh y Loyce Burns, Ginny Grogan, Mónica Torres Rodríguez y Ryan Flanders.

A mis queridos hijos y sus cónyuges, Nick y Katie Hamilton; Ben y Cori Hamilton; Emily y Dustin Emmons; gracias por criar a tus hijos: Emily, Caedmon y Levi; Naomi, Nora y Lander; Ester y Elías por ser cdificadores en el Reino.

PREFACIO

~⟨⟩~

HACE ALGUNOS AÑOS, durante un retiro silencioso, estuve rebuscando en una biblioteca llena de tesis de maestría y disertaciones doctorales sobre los Ejercicios Espirituales Ignacianos. Entre ellos encontré una cita que me impresionó: "La contemplación cambia al contemplador". Puede que pienses, "por supuesto que sí", y de manera parecida la oración nos cambia. ¡Estas son muy buenas noticias! Cuando oramos, Dios nos escucha y actúa. Los Salmos nos dan esta imagen una y otra vez: "A ti clamo, oh Dios, porque tú me respondes; inclina a mí tu oído y escucha mi oración" (Salmo 17:6). Esta idea también está en mi salmo favorito: "Busqué al Señor y él me respondió y me libró de todos mis temores... Los justos claman, y el Señor los oye; los libra de todas sus angustias" (Salmo 34: 4, 17).

Creo que los Salmos nos proporcionan entrenamiento de por vida sobre cómo orar. Debemos esperar cambios y observar una nueva forma en nosotros al orar los Salmos. Es por eso que he adaptado 50 de ellos para ser orados con cuentas de oración anglicanas. Lee la sección "Orando los Salmos" de este libro para más información sobre los géneros de los Salmos y cuáles de estos géneros fueron elegidos para este libro de oración.

Los Salmos nos proporcionan entrenamiento de por vida sobre cómo orar.

———— ⟨⟩ ————

El orar con cuentas lleva una larga tradición en la Cristiandad. Al orar todo el Salterio, los monjes usaban pequeños guijarros para llevar cuenta del último salmo que habían orado. Eventualmente, las cuentas de oración reemplazaron esos guijarros, mientras que la gente común era, generalmente, menos educada que aquellos que se llamaban "los religiosos" y muy rara vez memorizaban los 150

Salmos. Ellos, sin embargo, querían seguir un enfoque de oración contemplativa, unido a sus propias cuentas. Comenzaron a usar cuentas de oración con oraciones memorizadas, como el Padre Nuestro, y finalmente el rosario Mariano se convirtió en la forma más común de cuentas de oración entre los cristianos.

Las cuentas anglicanas se desarrollaron como una herramienta para ayudar a una persona a mantener la atención en la oración.

Desarrollado en la Diócesis Episcopal de Texas, las cuentas de oración anglicanas utilizan treinta y tres cuentas en una mezcla de la cuerda ortodoxa de la Oración de Jesús y el rosario católico romano. En lugar de guiar oraciones específicas, centradas en la vida de Cristo y pedir la intercesión de María, las cuentas anglicanas se desarrollaron como una herramienta para ayudar a una persona a mantener la atención en la oración y continuar orando intencionalmente durante un tiempo de devoción. Kristen E. Vincent agregó una cuenta número treinta y cuatro y la llamó la Cuenta de la Resurrección. Por todo esto, he elegido usar el estilo de 34 cuentas para este libro de oraciones.

Orar con cuentas de oración es una forma contemplativa de orar y permite tener una meditación lenta sobre la Palabra de Dios en los Salmos. Cuando se oran los Salmos durante muchos días, surgen oraciones del corazón. El contemplador será cambiado. Con el tiempo, con la repetición, comenzarás a memorizar versículos; sosteniendo las cuentas, también te ayudará a acercarte a la oración de manera integral: invitarás a tu cuerpo, mente y alma a entrar en un momento presente de forma intencional ante la presencia de Dios en tu vida.

SÍMBOLOS UTILIZADOS

En este libro de oraciones he utilizado los siguientes símbolos y frases para indicar qué cuenta se debe usar para orar mientras oras a través del salmo.

✚ Cruz

◆ Cuenta invitatoria

✜ Cuenta de la resurrección

❖ Cuenta cruciforme

(I) 1 er conjunto de siete cuentas.

(II) 2 do conjunto de siete cuentas.

(III) 3 er conjunto de siete cuentas.

(IV) 4 to conjunto de siete cuentas.

CUENTAS DE ORACIÓN ANGLICANAS

INTRODUCCIÓN

ACERCA DE LOS SALMOS

Los principales temas encontrados en los Salmos son la obra de la creación, el juicio y la historia de la salvación. Como dice James Mays, los Salmos tratan sobre "el camino de Dios con nosotros y nuestro camino bajo Dios", una noción que se muestra preeminentemente en el Salmo 1 en donde "los justos siempre tienen en cuenta a Dios y Dios tiene en cuenta a los justos" (42). Esta idea de conciencia plena atraviesa los Salmos elegidos para esta colección de oración.

El Salmo 95 nos dice que "El Señor es un gran Dios y un gran Rey sobre todos los dioses". Como seguidores de Cristo, esto es lo que creemos. Ampliando este pensamiento, el salmista nos dice que "¡Él es nuestro Dios!" y "somos las ovejas de su prado". El salmista nos anima a inclinarnos y adorar porque Dios es nuestro rey. Como él es nuestro rey, se nos dice que escuchemos su voz. Éste será un tema que veremos una y otra vez en los Salmos, el de adorar a nuestro Rey y escuchar su voz. Del mismo modo, el salmista nos recordará una y otra vez que en nuestros problemas podemos y debemos clamar a Dios. Cuando lo hacemos, él nos escucha.

Los Salmos fueron editados y compilados en cinco libros hace mucho tiempo. Se considera que los cinco libros están emparejados con los primeros cinco libros de la Biblia, o el Pentateuco. El libro 1 está asociado con el Génesis, en el cual la Creación y la relación de Dios con la humanidad son los temas principales. Los salmos en el Libro 1 se designan en gran medida como canciones de adoración. Los libros 2 y 3 están relacionados con Éxodo y Levítico, donde los temas principales son la liberación y la redención, así como también la adoración y el santuario, respectivamente. Ambos libros, el libro 2 y el libro 3, son en gran parte canciones de la nación de Israel. Los libros 4 y 5 son cánticos de alabanza. El Libro 4 está asociado con Números, donde el tema principal es recordar a los Israelitas vagando por el desierto. El libro 5 está emparejado con Deuteronomio, en el cual los temas principales se refieren a la palabra y alabanza a Dios.

Las meditaciones de oración, en este libro, se han puesto en capítulos, de acuerdo con el libro de los Salmos en el que se encuentran. Estos libros se exponen en los Salmos de esta manera: Salmos 1 al 41 son el Libro 1, los Salmos 42 al 72 son el Libro 2, los Salmos 73 al 89 son el Libro 3, los Salmos 90 al 106 son el Libro 4 y el Libro 5 son los Salmos 107 al 150.

ENFOQUES CRÍTICOS

Durante muchos años, los Salmos se estudiaron desde una perspectiva histórica, utilizando *crítica histórica*. Esto significa que los eruditos trataban de determinar a partir de qué período en la historia de los israelitas se encontraba el principio de un salmo en particular. La realidad es que, con pocas excepciones, los salmos nos dan muy poca ayuda para determinar autores, fechas o entorno históricos.

A principios de 1900, dos académicos, Herman Gunkel y Sigmund Mowinckel, cambiaron el estudio de los Salmos hacia la *Crítica de la Forma*. Determinaron que las formas similares encontradas en los Salmos permitían un enfoque literario para estudiarlas. Por lo tanto, el observar el género de cada salmo se agregó a la forma de estudio de los eruditos.

Hay hasta quince géneros identificados por algunos eruditos. Las categorías más grandes son el lamento personal o un clamor de ayuda; lamento comunitario o clamor por ayuda; canciones de acción de gracias, tanto comunitarias como individuales, e himnos de alabanza.

El grito personal de ayuda, también conocido como lamento, representa el género más grande en los Salmos, mientras que las canciones de acción de gracias son, en realidad, pocas en número. El salmista proporciona un patrón de cómo se vive la vida en estos dos tipos de salmos en particular. La humanidad se encuentra con problemas, así que oramos, clamando a Dios por ayuda. Dios nos ayuda, y luego le profesamos nuestra gratitud a él. Este patrón encuentra su camino en el Nuevo Testamento en Filipenses 4:5b y 6: "El Señor está cerca; no se inquieten por nada, más bien, en toda ocasión, con oración y ruego, presenten sus peticiones a Dios y denle gracias ". Esto es exactamente lo que los Salmos nos enseñan sobre la oración y el clamor a Dios. El elemento de estar agradecidos por el privilegio de poder acercarnos al trono de la gracia y de ser escuchados es parte integral de nuestra fe y nuestras vidas de oración.

ACERCA DE LOS SALMOS EN ESTA COLECCIÓN

Los Salmos son un lugar natural para comenzar cuando vamos a orar. Durante mucho tiempo han sido un lugar favorito para mí, donde puedo acudir cuando necesito ayuda y cuando quiero encontrar una manera adecuada para alabar a Dios. Para este libro de oraciones, estos serán los dos tipos de oraciones más comunes: Salmos que claman por ayuda y Salmos que cantan para la gloria de nuestro Dios. También están incluidos algunos salmos de acción de gracias y de arrepentimiento.

Seleccioné salmos que tienen secciones que permiten una concentración de oración sobre algunos temas centrales. Tales salmos se prestan para guiar nuestras oraciones. Del mismo modo, estos salmos se abordan fácilmente, utilizando el patrón de las cuentas de oración como se describe a continuación. Algunos salmos eran demasiado cortos, mientras que otros eran demasiado largos en su totalidad. Observarás que, por lo general, el salmo completo no está presente en cada meditación de oración, aunque sí hay algunas excepciones a esto. Por favor, encuentra un tiempo para leer todo el salmo antes o después de orar a través de ellos.

Las oraciones en los Salmos nos dan un lenguaje para pedir ayuda, para lamentar y un lenguaje para agradecer. Nos dan palabras de oración que encienden nuestra confianza en Dios, nuestro Padre, Creador maravilloso, Sustentador fiel y Redentor eterno.

El texto puede cambiar de una persona que habla, a una petición corporativa, o a una respuesta o mandato de Dios. Puede cambiar de alabar a Dios a instruir al oyente acerca de cómo vivir la vida. Mantente en paz con estos cambios en el salmo y en consecuencia, entra en oración y meditación.

Se han elegido versículos de los Salmos que edifican y desafían al que ora, así como versículos que brindan un clamor a Dios. Mi esperanza para ti es que cuando ores los Salmos con cuentas de oración, se convierta en un tiempo de meditación; un tiempo para entrar en la Presencia de Dios, nuestro Padre, que siempre nos está escuchando e invitando a una conversación íntima en la oración. El Padre nos invita a que presentemos nuestras súplicas de ayuda y nos ha creado para adorarlo. Los salmistas nos han proporcionado vías para hacer ambas cosas.

ORANDO CON CUENTAS

Mientras que los salmos, en este libro, se pueden orar sin ninguna ayuda táctil, fueron editados, específicamente, con el uso de cuentas de oración anglicanas en mente. Lo que sigue es una descripción de cómo las cuentas pueden acompañar tu uso de los salmos, como apoyo para que te enfoques, proporcionando una forma de compromiso táctil, mientras oras a través de los versículos y estribillos de un salmo. La imagen que se encuentra en la página 17 será una referencia visual, útil para esta sección.

✚

La cuenta de la cruz

Elige un salmo al que te dedicarás, luego toma tus cuentas anglicanas. Como en nuestra vida con Cristo, siempre comenzamos con la cruz. Encuentra la cruz en la cuerda. Sosteniendo la cruz, tómate un momento para adoptar una actitud de oración. El respirar profundamente y soltar el aire es una buena manera de comenzar. Tómate un tiempo para instalarte en tu espacio de oración. Invita al Señor a estar contigo, mientras oras su Palabra. Ahora di en voz alta el versículo de apertura del salmo, alineado con este símbolo ✚. Comenzamos nuestra oración en la cruz porque es la Cruz de Cristo la que nos ha dado la entrada a la presencia del Padre.

◆

La cuenta invitatoria

Luego pasamos a la cuenta invitatoria. Sosténla en tus dedos y recuerda que orar es una respuesta a la invitación de Dios para que tengamos una relación con él. Éste es un momento para recordar la gracia de Dios hacia nosotros y para agradecerle por el privilegio de poder acercarnos a él como un hijo amado. Dí en voz alta el siguiente versículo, correspondiente a este símbolo ◆.

✤

La cuenta de resurrección

Luego nos pasamos a la cuenta de la resurrección, recordando vivir la vida en la Resurrección de Cristo. Tómate un momento para afirmar tu lugar como miembro del Cristo resucitado, perteneciendo a él y teniendo vida en él. Dí en voz alta el siguiente versículo, alineado con este símbolo ✤.

❖

La cuenta cruciforme

Ahora has llegado a la primera cuenta cruciforme. Observa que hay cuatro cuentas cruciformes; éstas no son cuentas en forma de cruz, pero sus posiciones en el círculo de cuentas de oración forman una cruz. En este libro de oración, las cuatro cuentas cruciformes tendrán la misma oración (versículo) que la del salmo que se está orando, formando un estribillo a medida que avanzas por el salmo y que está indicado con este símbolo ❖.

Ⓘ ⒾⒾ ⒾⒾⒾ Ⓘⱽ

Los siete conjuntos

Después de la cuenta cruciforme, entramos al primer conjunto de siete cuentas. Como he dividido cada salmo, el contemplador orará un solo versículo del salmo seleccionado - indicado por [I] - mientras te mueves a través del primer conjunto de las siete cuentas. El número siete se encuentra en la historia de nuestro camino de fe de muchas maneras, siete días de creación, siete días de la semana y los siete "Yo Soy" de Cristo, por ejemplo. A medida que vayas moviendo las siete cuentas entre tus dedos, mantén el versículo en tu mente o repítelo en voz alta varias veces. Terminando el primer conjunto de siete, pasarás a la siguiente cuenta cruciforme ❖ y al versículo correspondiente a él. Continúa orando a través de los versículos que correspondan a los tres conjuntos de siete cuentas y las cuentas cruciformes restantes. Terminas el salmo volviendo a pasar por las cuentas de resurrección y la cuenta invitatoria hacia la Cruz, orando los versículos correspondientes.

El ritmo en la oración

Ora por las cuentas en su totalidad tres veces. El orar a través de las cuentas tres veces permite que surja un ritmo de oración -una desaceleración. Cada vez que lo hagas puede que notes que un versículo en particular te está causando una mayor impresión que el resto. Tómate un tiempo para ofrecerle eso al Señor en oración. Me encuentro con frecuencia, deteniéndome en un versículo en particular, que luego me lleva a orar por los demás, por mí misma, o a entrar en un tiempo de alabanza o de arrepentimiento. Cuando tu espíritu es tocado por un versículo en particular, tómate el tiempo de responder, ya sea escribiendo en tu diario o simplemente orando.

Cuando hayas terminado de orar por las cuentas tres veces, escucha. ¿El Señor tiene más que decirte? Registra en tu diario los versículos que te hablaron. ¿Cómo te hablaron? Llévate ese versículo contigo para meditarlo durante el día. Si te pareció que ninguno de los versículos se ha destacado por sobre todos los demás, elige uno por fe y llévalo contigo para meditar durante el día. Encontrarás que después del uso repetido, los Salmos se guardarán en la memoria.

Puede que haya un salmo al que te encuentres volviendo una y otra vez. Envuélvete en ese salmo y quédate con el Señor durante ese salmo hasta que tengas la sensación de haber recibido todo lo que el Señor quiere para ti.

Libro I

CANCIONES DE ADORACIÓN

*Dichoso el hombre que no sigue
    el consejo de los malvados,*
ni se detiene en la senda de los pecadores,
ni cultiva la amistad de los blasfemos,
*sino que en la ley del Señor se deleita,
y día y noche medita en ella.*

   — Salmo 1:1-2

SALMO 4

Oración de ayuda

✠ Responde a mi clamor.
[sosteniendo la cruz]

◆ Dios mío y defensor mío.
[sosteniendo la cuenta invitatoria]

✥ Dame alivio cuando esté angustiado.
[sosteniendo la cuenta de resurrección]

❖ Apiádate de mí y escucha mi oración.
[sosteniendo la primera cuenta cruciforme]

(I) Sepan que el Señor honra al que le es fiel.
[pasa a través del primer conjunto de 7]

❖ Apiádate de mí y escucha mi oración.
[sosteniendo la segunda cuenta cruciforme]

(II) El Señor me escucha cuando lo llamo.
[pasa al segundo conjunto de 7]

❖ Apiádate de mí y escucha mi oración.
[sosteniendo la tercera cuenta cruciforme]

(III) Si se enojan, no pequen; en la quietud del descanso nocturno examínense el corazón.
[pasa por el tercer conjunto de 7]

❖ Apiádate de mí y escucha mi oración.
[sosteniendo la cuarta cuenta cruciforme]

(IV) Ofrezcan sacrificios de justicia y confíen en el Señor.
[pasa al cuarto conjunto de 7]

❖ Apiádate de mí y escucha mi oración.
[regresa a la primera cuenta cruciforme]

✥ ¡Haz, Señor, que sobre nosotros brille la luz de tu rostro!
[sosteniendo la cuenta de resurrección]

◆ En paz me acuesto y me duermo.
[sosteniendo la cuenta invitatoria]

✠ Porque solo tú, oh Señor, me haces vivir confiado.
[sosteniendo la cruz]

SALMO 4

Respuesta

EN EL SALMO 4, el salmista ofrece una gran cantidad de instrucciones dentro de su lamento. En los versículos del 3 al 5, que componen los cuatro conjuntos de cuentas para orar, encontramos su enseñanza.

"Sepan que el Señor honra al que le es fiel". No puedo mejorar esa noción. Ser santo es ser apartado para Dios. Confía en él para que moldee y forme tu vida, según lo que debiera ser, para que puedas pararte delante del Padre sin mancha ni arruga (Efesios 5:27). En el tercer conjunto de cuentas, el salmista nos ha dado palabras de sabiduría para vivir:

"En tu ira no peques…" Pablo pudo haber estado pensando en este salmo cuando escribió Efesios 4:26: "Si se enojan, no pequen. No dejen que el sol se ponga estando aún enojados". (NVI).

En el cuarto conjunto de cuentas, el salmista nos instruye a ofrecer "sacrificios justos" y a confiar en el Señor. ¿Jesús te está llamando a hacer algún sacrificio? Confía en Jesús en lo que te está pidiendo con tal sacrificio.

_____

_____

_____

_____

_____

_____

SALMO 5

Clama por ayuda

✠ Atiende, Señor, a mis palabras; toma en cuenta mis gemidos.

◆ Escucha mis súplicas, rey mío y Dios mío,
    porque a ti elevo mi plegaria.

✠ Por la mañana, Señor, escuchas mi clamor.

❖ Tú no eres un Dios que se complazca en lo malo;
    a tu lado no tienen cabida los malvados.

(I) No hay lugar en tu presencia para los altivos.

❖ Tú no eres un Dios que se complazca en lo malo;
    a tu lado no tienen cabida los malvados.

(II) Pero yo, por tu gran amor puedo entrar en tu casa

❖ Tú no eres un Dios que se complazca en lo malo;
    a tu lado no tienen cabida los malvados.

(III) Dirígeme, Señor, en tu justicia;
    empareja delante de mí tu senda.

❖ Tú no eres un Dios que se complazca en lo malo;
    a tu lado no tienen cabida los malvados.

(IV) Recházalos, porque se han rebelado contra ti.

❖ Tú no eres un Dios que se complazca en lo malo;
    a tu lado no tienen cabida los malvados.

✠ Pero que se alegren todos los que en ti buscan refugio;
    ¡que canten siempre jubilosos!.

◆ Extiéndeles tu protección, y que en ti
    se regocijen todos los que aman tu nombre.

✠ Porque tú, Señor, bendices a los justos;
    cual escudo los rodeas con tu buena voluntad.

SALMO 5

Respuesta

EL TERCER CONJUNTO de las siete cuentas proviene del versículo 8. Me parece que es una oración casi diaria, "Señor, guíame", y luego endereza mi camino, dándome sabiduría para el viaje.

No tengo respuesta para la gran pregunta del "problema de la maldad". Sin embargo, encuentro paz en el Salmo 5:4, al saber que Dios no es "un Dios que se complazca en lo malo", que el mal no puede viajar con Dios. Te invito a caminar con el Señor.

_____

_____

_____

_____

_____

_____

_____

SALMO 6

Clama por ayuda

✚ No me reprendas, Señor, en tu ira;
    no me castigues en tu furor.

◆ Tenme compasión, Señor, porque desfallezco.

✚ Sáname, Señor, que un frío de muerte recorre mis huesos.

❖ Angustiada está mi alma;
    ¿hasta cuándo, Señor, hasta cuándo?

(I) Vuélvete, Señor, y sálvame la vida;
    por tu gran amor, ¡ponme a salvo!

❖ Angustiada está mi alma;
    ¿hasta cuándo, Señor, hasta cuándo?

(II) En la muerte nadie te recuerda;
    en el sepulcro, ¿quién te alabará?

❖ Angustiada está mi alma;
    ¿hasta cuándo, Señor, hasta cuándo?

(III) Cansado estoy de sollozar;
    toda la noche inundo de lágrimas mi cama.

❖ Angustiada está mi alma;
    ¿hasta cuándo, Señor, hasta cuándo?

(IV) Desfallecen mis ojos por causa del dolor.

❖ Angustiada está mi alma;
    ¿hasta cuándo, Señor, hasta cuándo?

✚ ¡Apártense de mí, todos los malhechores,
    que el Señor ha escuchado mi llanto!

◆ El Señor ha escuchado mis ruegos;
    el Señor ha tomado en cuenta mi oración.

✚ Vuélvete, Señor, y sálvame la vida;
    por tu gran amor, ¡ponme a salvo!

SALMO 6

Respuesta

PUEDES O NO IDENTIFICARTE con la descripción del salmista de inundar su cama con lágrimas, pero los pensamientos ansiosos pueden mantenerte despierto por la noche. Cuando los pensamientos ansiosos hagan llorar a tu corazón, entonces ora con el salmista: "Sálvame la vida; por tu gran amor, ¡ponme a salvo!"

SALMO 13

Oración de ayuda

✚ ¿Hasta cuándo, Señor, me seguirás olvidando?

◆ ¿Hasta cuándo esconderás de mí tu rostro?

✚ ¿Hasta cuándo he de estar angustiado
y he de sufrir cada día en mi corazón?

❖ ¿Hasta cuándo el enemigo me seguirá dominando?

(I) Señor y Dios mío, mírame y respóndeme.

❖ ¿Hasta cuándo el enemigo me seguirá dominando?

(II) Ilumina mis ojos. Así no caeré en el sueño de la muerte.

❖ ¿Hasta cuándo el enemigo me seguirá dominando?

(III) Así no dirá mi enemigo: "Lo he vencido",
así mi adversario no se alegrará de mi caída.

❖ ¿Hasta cuándo el enemigo me seguirá dominando?

(IV) Pero yo confío en tu gran amor.

❖ ¿Hasta cuándo el enemigo me seguirá dominando?

✚ Mi corazón se alegra en tu salvación.

◆ Canto salmos al Señor.

✚ ¡El Señor ha sido bueno conmigo!

SALMO 13

Respuesta

EL SALMO 13 es la oración más corta para pedir ayuda en el Salterio. Proporciona un marco maravilloso para nuestro clamor al Señor. Comienza con "¿Hasta cuándo, Señor?" Me parece que a menudo me acerco al Señor de esta manera. Por lo general, mi enemigo es mi propio pecado, pecado con el que he luchado en diferentes grados durante años. El salmista continúa con lo que sucederá si el Señor no lo rescata. Él cierra con maravillosas declaraciones de fe y expectativa:

"Pero yo confío en tu gran amor inagotable; Mi corazón se alegra en tu salvación. Cantaré al Señor, porque él ha sido bueno conmigo". Estas verdaderas declaraciones de fe hacen que mi corazón se dispare.

Unámonos al escritor del salmo y confiemos en el inagotable amor y salvación de Dios. Recordemos toda su bondad para con nosotros.

SALMO 17

Gritos de ayuda

✜ Señor, oye mi justo ruego; escucha mi clamor!

◆ Presta oído a mi oración.

✜ Sé tú mi defensor.

❖ A ti clamo, oh Dios, porque tú me respondes;
    inclina a mí tu oído.

(I) Tú escudriñas mi corazón, tú me examinas por las noches;
    ¡ponme, pues, a prueba que no hallarás en mí maldad alguna!

❖ A ti clamo, oh Dios, porque tú me respondes;
    inclina a mí tu oído.

(II) Dame una muestra de tu gran amor,
    tú que salvas a los que buscan refugio.

❖ A ti clamo, oh Dios, porque tú me respondes;
    inclina a mí tu oído.

(III) Cuídame como a la niña de tus ojos.

❖ A ti clamo, oh Dios, porque tú me respondes;
    inclina a mí tu oído.

(IV) Escóndeme bajo la sombra de tus alas.

❖ A ti clamo, oh Dios, porque tú me respondes;
    inclina a mí tu oído.

✜ ¡Con tu espada rescátame de los malvados!

◆ Pero yo en justicia contemplaré tu rostro.

✜ Me bastará con verte cuando despierte.

SALMO 17

Respuesta

EL TERCER CONJUNTO DE SIETE cuentas en el salmo dice: "Cuídame como a la niña de tus ojos". ¿Tienes problemas para creer que eres la niña del ojo del Padre? Si es así, comienza a escribir frases y versículos en las siguientes meditaciones que confirman que esto es cierto. Recuerda que Cristo murió por ti y permítete disfrutar la verdad de que Dios te ha considerado digno de ese sacrificio. De hecho, solo por la "niña del ojo de Dios" moriría Cristo.

Si el salmista nos enseña algo, es que vamos a tener problemas. Jesús confirma esta realidad en Juan 16:33. En medio del problema, los escritores de los Salmos nos muestran cómo clamar a Dios en nuestro dolor y nuestra tristeza, y Dios responde. David Muyskens escribe: "La oración no me libró del dolor, pero el dolor se convirtió en mi oración". Este camino de consuelo es lo que expresa el salmista, así como la esperanza de gloria en la presencia de Dios.

SALMO 18

Salmo de agradecimiento

✚ ¡Cuánto te amo, Señor, fuerza mía!

◆ Invoco al Señor, que es digno de alabanza.

✚ Tú me cubres con el escudo de tu salvación.

❖ El Señor es mi roca, mi amparo, mi libertador.

(I) En mi angustia invoqué al Señor;
    clamé a mi Dios; ¡mi clamor llegó a sus oídos!

❖ El Señor es mi roca, mi amparo, mi libertador.

(II) Extendiendo su mano desde lo alto,
    tomó la mía y me sacó del mar profundo.
    Me libró de mi enemigo poderoso.

❖ El Señor es mi roca, mi amparo, mi libertador.

(III) Me sacó a un amplio espacio;
    me libró porque se agradó de mí..

❖ El Señor es mi roca, mi amparo, mi libertador.

(IV) ¡El Señor vive!¡ Alabada sea mi roca!
    ¡Exaltado sea Dios mi Salvador!

❖ El Señor es mi roca, mi amparo, mi libertador.

✚ Tú me cubres con el escudo de tu salvación.

◆ Tú, Señor, mantienes mi lámpara encendida;
    tú, Dios mío, iluminas mis tinieblas.

✚ ¡Cuanto te amo, Señor, fuerza mía!

SALMO 18

Respuesta

ESTE ES UNO de mis salmos favoritos. Espero que leas el salmo entero y saborees la hipérbole.

Considera el segundo conjunto de cuentas: "Extendiendo su mano desde lo alto, tomó la mía y me sacó del mar profundo. Me libró de mi enemigo poderoso". Tu enemigo poderoso puede ser un evento en tu vida, emociones que están desproporcionadas a las circunstancias en tu vida, o incluso un poder espiritual oscuro. Imagina al Señor, extendiendo sus manos y rescantándote de las aguas de tu poderoso enemigo. Deja que el Señor te abrace, sostenga y sople salvación dentro de tu alma.

Mira también el tercer conjunto de cuentas: "Me sacó a un amplio espacio; me libró porque se agradó de mí". ¿Tú crees que Dios se agrada de ti? Pasa un tiempo con el Señor y pídele que te ayude con tu incredulidad. Pregúntale al Señor qué piensa de ti y cómo te describe. Escucha. Escribe en tu diario.

SALMO 19

Himno

✚ Los cielos cuentan la gloria de Dios.

◆ El firmamento proclama la obra de sus manos.

✚ Un día transmite al otro la noticia,
una noche a la otra comparte su saber.

❖ Libra, además, a tu siervo de pecar a sabiendas;
no permitas que tales pecados me dominen.

(I) La ley del Señor es perfecta: infunde nuevo aliento.
El mandato del Señor es digno de confianza:
da sabiduría al sencillo..

❖ Libra, además, a tu siervo de pecar a sabiendas;
no permitas que tales pecados me dominen.

(II) Los preceptos del Señor son rectos:
traen alegría al corazón.
El mandamiento del Señor es claro: da luz a los ojos.

❖ Libra, además, a tu siervo de pecar a sabiendas;
no permitas que tales pecados me dominen.

(III) El temor del Señor es puro: permanece para siempre.
Las sentencias del Señor son verdaderas.

❖ Libra, además, a tu siervo de pecar a sabiendas;
no permitas que tales pecados me dominen.

(IV) Son más deseables que el oro, más que mucho oro refinado;
son más dulces que la miel.

❖ Libra, además, a tu siervo de pecar a sabiendas;
no permitas que tales pecados me dominen.

✚ Sean, pues, mis palabras y mis pensamientos…

◆ …aceptables ante ti...

✚ Oh Señor, roca mía y redentor mío.

SALMO 19

Respuesta

AMBOS SALMOS 19 Y EL SALMO 119 nos enseñan que la Palabra de Dios es el mejor lugar donde aprender la forma sagrada de vivir.

James L. Mays dice esto sobre el salmo, "El mundo [da testimonio] de Dios. La creación manifiesta la gloria de su creador. El salmo nos ofrece... una visión de la personificación poética imaginativa. Está basada en la noción, no poco común en el pensamiento bíblico, de que toda cosa creada tiene la capacidad de que una criatura reconozca a su creador " (20).

En apoyo de la interpretación de Mays, Romanos 1:19-20 dice: "Porque lo que se puede conocer acerca de Dios es evidente para ellos, pues él mismo se lo ha revelado. Por sus atributos invisibles, es decir, su eterno poder y su naturaleza divina se perciben claramente, a través de lo que él creó, de modo que nadie tiene excusa".

SALMO 23

Un salmo de David

✚ El Señor es mi pastor.

◆ Nada me falta.

✚ En verdes pastos me hace descansar.

❖ Junto a tranquilas aguas me conduce;
    me infunde nuevas fuerzas.

(I) Me guía por sendas de justicia por amor a su nombre.

❖ Junto a tranquilas aguas me conduce;
    me infunde nuevas fuerzas.

(II) No temo peligro alguno, porque tú estás a mi lado;
    tu vara de pastor me reconforta.

❖ Junto a tranquilas aguas me conduce;
    me infunde nuevas fuerzas.

(III) Dispones ante mí un banquete
    en presencia de mis enemigos.

❖ Junto a tranquilas aguas me conduce;
    me infunde nuevas fuerzas.

(IV) Has ungido con perfume mi cabeza;
    has llenado mi copa a rebosar.

❖ Junto a tranquilas aguas me conduce;
    me infunde nuevas fuerzas.

✚ La bondad y el amor me seguirán...

◆ ...todos los días de mi vida.

✚ Y en la casa del Señor habitaré para siempre.

SALMO 23

Respuesta

EL SALMO 23 ESTÁ ESCRITO EN METÁFORA. Cuando miramos a través de nuestro lente cristiano, fácilmente podemos ver a Jesús en este poema escrito hace mucho tiempo. Este poema puede ser tanto personal, como un recuerdo de cómo Dios cuidó de la nación de Israel.

En Juan 10:11 Jesús dice, "Yo soy el buen pastor". Los cristianos sabemos que Jesús restaura nuestras almas y nos guía en el camino de justicia. Jesús está con nosotros en nuestros problemas, y es él quien nos prepara una mesa (eucarística) en la presencia del mal, mientras nos cuida con su amor inquebrantable todos los días de nuestras vidas.

SALMO 24

Alabanza

✚ Del Señor es la tierra, el mundo y cuantos lo habitan.

◆ ¿Quién puede subir al monte del Señor?
  ¿Quién puede estar en su lugar santo?

✚ Solo el de manos limpias y corazón puro,
  el que no adora ídolos vanos ni jura
  por dioses falsos.

❖ Quien es así recibe bendiciones del Señor;
  Dios su Salvador le hará justicia.

(I) ¡Eleven, puertas, sus dinteles! Levántense,
  puertas antiguas, que va a entrar el Rey de la gloria.

❖ Quien es así recibe bendiciones del Señor;
  Dios su Salvador le hará justicia.

(II) ¿Quién es este Rey de la gloria? El Señor,
  el fuerte y valiente, el Señor, el valiente guerrero.

❖ Quien es así recibe bendiciones del Señor;
  Dios su Salvador le hará justicia.

(III) ¡Eleven, puertas, sus dinteles; levántense,
  puertas antiguas, que va a entrar el Rey de la gloria.

❖ Quien es así recibe bendiciones del Señor;
  Dios su Salvador le hará justicia.

(IV) ¿Quién es este Rey de la gloria?
  Es el Señor Todopoderoso; ¡él es el Rey de la gloria!

❖ Quien es así recibe bendiciones del Señor;
  Dios su Salvador le hará justicia.

✚ ¿Quién es este Rey de la gloria?

◆ Es el Señor Todopoderoso.

✚ ¡Él es el Rey de la gloria!

SALMO 24

Respuesta

EL SALMO 24 COMIENZA con el recordatorio de que "la tierra es del Señor"; la creó, la mantiene, la salva, y es el dueño de la tierra. También es el Creador de todo lo que habita sobre la tierra. Nosotros dependemos del Señor de los cielos y de la tierra porque vivimos en su mundo.

Las puertas y las "puertas antiguas" a la que el escritor se refiere en este salmo son tanto la entrada al templo sobre el Monte de Sión y las puertas espirituales al reino celestial de Dios. Las puertas se abren en reconocimiento de que el rey de la tierra ha llegado.

Aunque estas imágenes son de una ciudad y sus puertas, nosotros podemos personalizarlas. ¿Hay puertas o entradas en tu vida que con alegría abres para dejar entrar al Rey de la Gloria? ¿Tienes alguna puerta cerrada con llave en donde el Señor te está pidiendo que se la abras? (Mays 119, 122).

SALMO 25

Grito de ayuda

✚ A ti, Señor, elevo mi alma.

◆ Mi Dios, en ti confío; no permitas que sea yo humillado.

✚ Quien en ti pone su esperanza jamás será avergonzado.

❖ Señor, hazme conocer tus caminos;
        muéstrame tus sendas.

(I) Encamíname en tu verdad, ¡enséñame!
        Tú eres mi Dios y Salvador.

❖ Señor, hazme conocer tus caminos;
        muéstrame tus sendas.

(II) Acuérdate, Señor, de tu ternura y gran amor,
        que siempre me has mostrado.

❖ Señor, hazme conocer tus caminos;
        muéstrame tus sendas.

(III) Vuelve a mí tu rostro y tenme compasión,
        pues me encuentro solo y afligido.
        Crecen las angustias de mi corazón;
        líbrame de mis tribulaciones.

❖ Señor, hazme conocer tus caminos;
        muéstrame tus sendas.

(IV) Fíjate en mi aflicción y en mis penurias,
        y borra todos mis pecados.

❖ Señor, hazme conocer tus caminos;
        muéstrame tus sendas.

✚ El Señor brinda su amistad a quienes le honran.

◆ Protege mi vida, rescátame.

✚ Sean mi protección la integridad y la rectitud,
        porque en ti he puesto mi esperanza.

SALMO 25

Respuesta

¡QUÉ LAMENTO MÁS MAGNÍFICO! Nada queda fuera: a ti levanto mi alma, no permitas que sea avergonzado, enséñame tus sendas, hazme conocer tus caminos, recuerda tu misericordia, sácame de mis angustias, considera mi aflicción y mis problemas y perdona todos mis pecados. Amén.

¿Qué parte de este salmo llevarás contigo hoy? ¿Será el de recordar que la amistad del Señor le pertenece a quienes le temen, o para suplicar al Señor que guarde tu alma, o para pedirle que te libere? ¿O será el que la integridad te preservará mientras esperas en el Señor? ¿U otro?

SALMO 27 Y 28

Grito de ayuda y acción de gracias

✚ A ti clamo, Señor.

◆ Y yo, Señor, tu rostro busco.

✚ Dios de mi salvación.

❖ El Señor es mi luz y mi salvación;
     ¿a quién temeré?

(I) Una sola cosa le pido al Señor, y es lo único que persigo:
     habitar en la casa del Señor
     todos los días de mi vida.

❖ El Señor es mi luz y mi salvación;
     ¿a quién temeré?

(II) Oye, Señor, mi voz cuando a ti clamo;
     compadécete de mí y respóndeme.

❖ El Señor es mi luz y mi salvación; ¿a quién temeré?

(III) El corazón me dice: "Busca su rostro".
     Y yo, Señor, tu rostro busco..

❖ El Señor es mi luz y mi salvación; ¿a quién temeré?

(IV) Guíame, Señor, por tu camino;
     dirígeme por la senda de rectitud..

❖ El Señor es mi luz y mi salvación; ¿a quién temeré?

✚ Pero de una cosa estoy seguro: he de ver la bondad
     del Señor en esta tierra de los vivientes.

◆ Pon tu esperanza en el Señor;
     ten valor, cobra ánimo.

✚ ¡Pon tu esperanza en el Señor! Amén.

SALMO 27 Y 28

Respuesta

EL VERSÍCULO en las cuentas cruciformes es el núcleo de nuestra fe: "El Señor es mi luz y mi salvación, ¿a quién temeré?" (Salmo 27:1). Coloca tus miedos en las manos de Jesús. Imagínate haciendo eso. Después de poner tu miedo en sus manos, observa: ¿Qué hace Jesús con tu miedo?

_____

_____

_____

_____

_____

_____

_____

SALMO 32

Canción del penitente

✠ Dichoso aquel a quien se le perdonan sus transgresiones.

◆ A quien se le borran sus pecados.

✠ Dichoso (aquel) a quien el Señor no toma en cuenta
su maldad y en cuyo espíritu no hay engaño.

❖ Mientras guardé silencio, mis huesos se fueron
consumiendo por mi gemir de todo el día.

(I) Porque día y noche tu mano pesaba sobre mí; mi fuerza
se fue debilitando como al calor del verano.

❖ Mientras guardé silencio, mis huesos se fueron
consumiendo por mi gemir de todo el día.

(II) Me dije: "Voy a confesar mis transgresiones al Señor".

❖ Mientras guardé silencio, mis huesos se fueron
consumiendo por mi gemir de todo el día.

(III) Tú perdonaste mi maldad y mi pecado.

❖ Mientras guardé silencio, mis huesos se fueron
consumiendo por mi gemir de todo el día.

(IV) Por eso los fieles te invocan en momentos de angustia.

❖ Mientras guardé silencio, mis huesos se fueron
consumiendo por mi gemir de todo el día.

✠ Tú eres mi refugio; tú me protegerás del peligro
y me rodearás con cánticos de liberación.

◆ El Señor dice: "Yo te instruiré, yo te mostraré el camino
que debes seguir; yo te daré consejos y velaré por ti.

✠ ¡Alégrense, ustedes los justos; regocíjense en el Señor!
¡canten todos ustedes, los rectos de corazón!

SALMO 32

Respuesta

EL SALMISTA COMIENZA esta oración con una bienaventuranza, "Dichoso aquel" quien es perdonado. En el versículo 3 nos lleva a la noción de que, mientras permaneciera en silencio y no se arrepintiera, se consumiría. Cuando continuamos en pecado, nos consumimos; pero cuando nos arrepentimos, cuán bendecidos somos de caminar, sabiendo que Dios nos perdona.

El Salmo 32 es un buen lugar para reconocer que la voz de los Salmos a menudo cambia. Comenzamos con la voz del autor en los versículos 1 al 5 que nos cuenta sobre las razones para arrepentirse. En el versículo 6, él hace la transición a ser maestro, instruyendo que "...todo el que es piadoso (debe) ofrecer oración (a Dios) en el momento en que (Dios) es encontrado".

En los versículos 8 y 9, Dios, en realidad, es el orador y nos dice que nos instruirá y enseñará cómo vivir.

Por favor, lee este Salmo en su totalidad con la idea de observar el cambio de "voz". Cuando te sientas cómodo con los cambios de voz en los Salmos, disminuirá algo de la confusión que a veces tenemos en cuanto a quién está hablando, en un salmo determinado.

SALMO 33

Himno

✠ Canten al Señor con alegría, ustedes los justos.

◆ Alaben al Señor al son del arpa.
    Cántenle un canción nueva.

✠ La palabra del Señor es justa;
    fieles son todas sus obras.

❖ Pero el Señor cuida de los que le temen,
    de los que esperan en su gran amor.

(I) El Señor ama la justicia y el derecho;
    llena está la tierra de su amor.

❖ Pero el Señor cuida de los que le temen,
    de los que esperan en su gran amor.

(II) Tema toda la tierra al Señor;
    hónrenlo todos los pueblos del mundo.

❖ Pero el Señor cuida de los que le temen,
    de los que esperan en su gran amor.

(III) Pero los planes del Señor quedan firmes para siempre;
    los designios de su mente son eternos.

❖ Pero el Señor cuida de los que le temen,
    de los que esperan en su gran amor.

(IV) Dichosa la nación cuyo Dios es el Señor,
    el pueblo que escogió por su heredad.

❖ Pero el Señor cuida de los que le temen,
    de los que esperan en su gran amor.

✠ Esperamos confiados en el Señor;
    él es nuestro socorro y nuestro escudo.

◆ En él se regocija nuestro corazón,
    porque confiamos en su santo nombre.

✠ Que tu gran amor, Señor, nos acompañe,
    tal como lo esperamos de ti.

SALMO 33

Respuesta

ESTE HIMNO está lleno de declaraciones de fe. El primer conjunto de cuentas dice: "El Señor ama la justicia y el derecho; llena está la tierra de su amor". A veces es difícil ver que la tierra está llena del amor inquebrantable del Señor, por lo que debemos mirar más de cerca para poder ver su fidelidad.

Pasa un tiempo esta semana meditando en la verdad de que Dios es inquebrantable, que su amor por ti es *inquebrantable*.

Escribe tu propia definición de lo que significa ser inquebrantable.

SALMO 34

Agradecimiento por ayuda

✠ Bendeciré al Señor en todo tiempo;
  mis labios siempre lo alabarán.

◆ Mi alma se gloría en el Señor;
  lo oirán los humildes y se alegrarán.

✠ Engrandezcan al Señor conmigo;
  exaltemos a una su nombre.

❖ Busqué al Señor, y él me respondió;
  me libró de todos mis temores.

(I) Prueben y vean que el Señor es bueno;
  dichosos los que en él se refugian.

❖ Busqué al Señor, y él me respondió;
  me libró de todos mis temores.

(II) Que refrene su lengua de hablar el mal y sus labios
  de proferir engaños; que se aparte del mal
  y haga el bien; que busque la paz y la siga.

❖ Busqué al Señor, y él me respondió;
  me libró de todos mis temores.

(III) Los justos claman, y el Señor los oye;
  los libra de todas sus angustias.

❖ Busqué al Señor, y él me respondió;
  me libró de todos mis temores.

(IV) El Señor está cerca de los quebrantados de corazón,
  y salva a los de espíritu abatido.

❖ Busqué al Señor, y él me respondió;
  me libró de todos mis temores.

✠ Muchas son las angustias del justo,
  pero el Señor lo librará de todas ellas.

◆ El Señor libra a sus siervos;
  no serán condenados los que en él confían.

✠ Bendeciré al Señor en todo tiempo.

SALMO 34

Respuesta

EL PRIMER VERSÍCULO del Salmo 34 siempre me hace reflexionar, porque la alabanza del Señor no está continuamente en mi boca, a veces soy llevada al arrepentimiento, pero siempre en mi oración. Que así sea, que su alabanza esté continuamente en mi boca.

El salmista rápidamente da una razón por la cual el Señor debe ser alabado: "Busqué al Señor, y él me respondió; me libró de todos mis temores". Tómate un tiempo para recordar las veces que buscaste al Señor y él te respondió, librándote de todos tus miedos.

¿Nos olvidamos de pedir ayuda? Cuéntale a Dios tus problemas. Intercede por los problemas de los demás. Deja que la verdad de que "El Señor está cerca de los quebrantados de corazón y salva a los de espíritu abatido", se hunda profundamente en tu espíritu. Esta es la confianza que tenemos cuando oramos por nosotros mismos y por los demás.

SALMO 40

Alabanza por la ayuda

✠ Puse en el Señor toda mi esperanza.

◆ Él se inclinó hacia mí y escuchó mi clamor.

✠ Me sacó de la fosa de la muerte
   ...y puso mis pies sobre una roca.

❖ Puso en mis labios un cántico nuevo,
   un himno de alabanza a nuestro Dios.

(I) Al ver esto, muchos tuvieron miedo
   y pusieron su confianza en el Señor.

❖ Puso en mis labios un cántico nuevo,
   un himno de alabanza a nuestro Dios.

(II) Me agrada, Dios mío, hacer tu voluntad;
   tu ley la llevo dentro de mí.

❖ Puso en mis labios un cántico nuevo,
   un himno de alabanza a nuestro Dios.

(III) No me niegues, Señor, tu misericordia;
   que siempre me protejan tu amor y tu verdad.

❖ Puso en mis labios un cántico nuevo,
   un himno de alabanza a nuestro Dios.

(IV) Por favor, Señor, ¡ven a librarme!
   ¡Ven pronto, Señor, en mi auxilio!

❖ Puso en mis labios un cántico nuevo,
   un himno de alabanza a nuestro Dios.

✠ Pero que todos los que te buscan
   se alegren en ti y se regocijen.

◆ Que los que aman tu salvación digan siempre:
   "¡Cuán grande es el Señor!"

✠ Y a mí , pobre y necesitado,
   quiera el Señor tomarme en cuenta.

SALMO 40

Respuesta

EL CUARTO CONJUNTO de cuentas dice: "Por favor, Señor, ven a librarme. Ven pronto, Señor, en mi auxilio". He descubierto que cuando el Señor me libra del miedo, o me arrepiento de un pecado y me siento mucho más liviana, tengo la sensación de que "el Señor puso en mis labios un cántico nuevo". De hecho, camino con una nueva ligereza que resulta en un himno de alabanza en mi corazón.

Es bueno recordar los lugares donde el Señor nos ha ayudado y librado, para llevárselos en un canto u oración de alabanza. Revisar las cosas que Dios ha hecho por nosotros nos fortalece. Esa es una de las razones por las cuales *el recuerdo* es un tema clave de la Biblia.

_____

_____

_____

_____

_____

_____

Libro II

LIBERACIÓN
Y REDENCIÓN

*Pero yo, Señor, te imploro en el tiempo
  de tu buena voluntad.*

*Por tu gran amor, oh Dios, respóndeme;
por tu fidelidad, sálvame.*

*Sácame del fango;
no permitas que me hunda.*

*Líbrame de los que me odian,
  y de las aguas profundas.*

  — Salmo 69:13-14

SALMO 51

Oración del penitente

✠ Ten compasión de mí, oh Dios.

◆ Conforme a tu gran amor.

✠ Conforme a tu inmensa bondad,
     borra mis transgresiones.

❖ Lávame de toda mi maldad y límpiame de mi pecado.

(I) Yo reconozco mis transgresiones;
     siempre tengo presente mi pecado.

❖ Lávame de toda mi maldad y límpiame de mi pecado.

(II) Crea en mí, oh Dios, un corazón limpio,
     y renueva la firmeza de mi espíritu.

❖ Lávame de toda mi maldad y límpiame de mi pecado.

(III) No me alejes de tu presencia ni me quites tu santo Espíritu.

❖ Lávame de toda mi maldad y límpiame de mi pecado.

(IV) Devuélveme la alegría de tu salvación;
     que un espíritu obediente me sostenga.

❖ Lávame de toda mi maldad y límpiame de mi pecado.

✠ Abre, Señor, mis labios, y mi boca proclamará tu alabanza.

◆ Tú , oh Dios, no desprecias al corazón
     quebrantado y arrepentido.

✠ Ten compasión de mí, oh Dios.

SALMO 51

Respuesta

CLARAMENTE ÉSTE ES un salmo para el penitente, pero también es un grito de ayuda. A diferencia de otros gritos de ayuda en los Salmos, el escritor no nos dice cuáles son los problemas. El problema reside en aquellos que se arrepienten y en su propio pecado, lo que hace de ésta una poderosa oración de confesión para cualquiera que necesite ser lavado de la iniquidad y limpiado del pecado.

Mi corazón clama a Dios: "Conforme a tu inmensa bondad, borra mis transgresiones". "Lávame más y más de mi maldad, y límpiame de mi pecado". "Crea en mí, oh Dios, un corazón limpio, y renueva la firmeza de mi espíritu". Todos estos versículos dan una idea clara de lo que significa depender de Dios, estar en lo correcto con él y con el mundo. Podemos tener la confianza de que el Señor puede y creará un corazón limpio dentro de aquellos que invocan su nombre. Es, de hecho, su deseo más profundo de renovar un espíritu correcto dentro de nosotros.

SALMO 55

Grito de ayuda

✚ Escucha, oh Dios, mi oración;
   no pases por alto mi súplica.

◆ ¡Óyeme y respóndeme,
   porque mis angustias me perturban!

✚ Se me estremece el corazón dentro del pecho,
   y me invade un pánico mortal.

❖ Pero yo clamaré a Dios, y el Señor me salvará.

(I) ¡Destrúyelos, Señor! ¡Confunde su lenguaje!
   En la ciudad solo veo contiendas y violencia.

❖ Pero yo clamaré a Dios, y el Señor me salvará.

(II) Si un enemigo me insultara, yo lo podría soportar.
   Pero lo has hecho tú, un hombre como yo, mi
   compañero, mi mejor amigo, a quien me unía una
   bella amistad, con quien convivía en la casa de Dios.

❖ Pero yo clamaré a Dios, y el Señor me salvará.

(III) Mañana, tarde y noche clamo angustiado, y él me escucha.

❖ Pero yo clamaré a Dios, y el Señor me salvará.

(IV) Él me rescata, me salva la vida en la batalla
   que se libra contra mi.

❖ Encomienda al Señor tus afanes, y él te sostendrá.

✚ ¡Dios, que reina para siempre, habrá de oírme y los afligirá!

◆ No permitirá que el justo caiga.

✚ Yo, por mi parte, en ti confío.

SALMO 55

Respuesta

MUY A MENUDO NOS OLVIDAMOS de clamar a Dios por ayuda. Agonizamos sobre nuestros problemas o tratamos de resolverlos por nuestra propia cuenta. Las emociones nos superan y no tenemos paz porque olvidamos que tenemos un Padre en los cielos que se preocupa por cada detalle de nuestras vidas. ¿Qué problemas has dudado en ofrecerle a Dios o que hayas olvidado de clamarle a Dios? Pon tus cargas sobre él y descansa en su amor sustentador.

_____

_____

_____

_____

_____

_____

_____

SALMO 62

Cántico de confianza

✠ Solo en Dios halla descanso mi alma.

◆ De él viene mi salvación.

✠ Solo él es mi roca y mi salvación.

❖ Él es mi protector. ¡Jamás habré de caer!

(I) Solo en Dios halla descanso mi alma;
de él viene mi esperanza..

❖ Él es mi protector. ¡Jamás habré de caer!

(II) Solo él es mi roca y mi salvación.

❖ Él es mi protector. ¡Jamás habré de caer!

(III) Dios es mi salvación y mi gloria;
es la roca que me fortalece; ¡mi refugio está en Dios!

❖ Él es mi protector. ¡Jamás habré de caer!

(IV) Confía siempre en él, pueblo mío; ábrele tu corazón
cuando estés ante él. ¡Dios es nuestro refugio!

❖ Él es mi protector. ¡Jamás habré de caer!

✠ Aunque se multipliquen sus riquezas,
no pongan el corazón en ellas.

◆ Una cosa ha dicho Dios, y dos veces lo he escuchado:
Que tú, oh Dios, eres poderoso…

✠ …y que tú, Señor, eres todo amor.

SALMO 62

Respuesta

MI ORACIÓN POR TI es que este salmo se convierta en un maravilloso cántico de confianza a la que regreses una y otra vez. Mientras lo oras, descansa en la presencia de Dios por dentro y por fuera. Ruego que conozcas a Jesús como tu fortaleza y que tu fe no sea sacudida.

Si es que al orar este salmo, el Señor te ha traído a la mente lugares o personas o cosas en las que has puesto tu confianza que no son de Dios, dáselas ahora. Arrepiéntete donde Dios ponga la convicción de hacerlo.

Termina dándole gracias a Dios porque él es fuerte y amoroso.

SALMO 63

Oración de ayuda

Oh Dios, tú eres mi Dios.

Yo te busco intensamente.

Mi alma tiene sed de ti; todo mi ser te anhela,
cual tierra seca, extenuada y sedienta.

Te he visto en el santuario y he contemplado
tu poder y tu gloria.

(I) Tu amor es mejor que la vida;
por eso mis labios te alabarán.

Te he visto en el santuario y he contemplado
tu poder y tu gloria.

(II) Te bendeciré mientras viva, y alzando
mis manos te invocaré.

Te he visto en el santuario y he contemplado
tu poder y tu gloria.

(III) Mi alma quedará satisfecha como de un suculento banquete.

Te he visto en el santuario y he contemplado
tu poder y tu gloria.

(IV) Con labios jubilosos te alabará mi boca.

Te he visto en el santuario y he contemplado
tu poder y tu gloria.

En mi lecho me acuerdo de ti;
pienso en ti toda la noche.

A la sombra de tus alas cantaré, porque tú eres mi ayuda.

Mi alma se aferra a ti; tu mano derecha me sostiene.

SALMO 63

Respuesta

A MENUDO, MIENTRAS LEO U ORO los Salmos, me siento culpable. La fuente de esa convicción se encuentra en el primer conjunto de cuentas para este salmo, el Salmo 63:3: "porque tu amor es mejor que la vida". Ésta es una verdad gloriosa, y creo que es verdad; pero no siempre vivo en esta verdad. El ser amado por el Padre es mejor que la vida, mejor que cualquier cosa, lo es todo; no hay nada más grande que desear. Mi deseo es meditar en esta verdad para que mi fe crezca de tal manera que viva esta verdad.

SALMO 66

Acción de gracias en comunidad

✠ ¡Aclamen alegres a Dios, habitantes de toda la tierra!

◆ Canten salmos a su glorioso nombre;
    ¡ríndanle gloriosas alabanzas!

✠ Díganle a Dios: "¡Cuán imponentes son tus obras!
    Es tan grande tu poder".

❖ Toda la tierra se postra en tu presencia, y te cantan salmos;
    cantan salmos a tu nombre.

(I) ¡Vengan y vean las proezas de Dios,
    sus obras portentosas en nuestro favor!

❖ Toda la tierra se postra en tu presencia, y te cantan salmos;
    cantan salmos a tu nombre.

(II) Pueblos todos, bendigan a nuestro Dios, hagan oír la voz
    de su alabanza. Él ha protegido nuestra vida.

❖ Toda la tierra se postra en tu presencia, y te cantan salmos;
    cantan salmos a tu nombre.

(III) Vengan ustedes, temerosos de Dios, escuchen, que voy a
    contarles todo lo que él ha hecho por mí.

❖ Toda la tierra se postra en tu presencia, y te cantan salmos;
    cantan salmos a tu nombre.

(IV) Si en mi corazón hubiera yo abrigado maldad, el Señor no
    me habría escuchado.

❖ Toda la tierra se postra en tu presencia, y te cantan salmos;
    cantan salmos a tu nombre.

✠ Pero Dios sí me ha escuchado, ha atendido a la voz de
    mi plegaria.

◆ ¡Bendito sea Dios, que no rechazó mi plegaria ni me
    negó su amor!

✠ Alabado sea Dios.

SALMO 66

Respuesta

AMO ESTE SALMO. Hay tanta alegría en él. ¡Aclamen alegres porque Dios ha hecho cosas increíbles! ¡Vengan y vean las proezas de Dios entre nosotros! ¡Bendecid, pueblos, a nuestro Dios! ¡Hagan oír la voz de su alabanza! Esto es lo que hacemos un domingo por la mañana: hacemos un ruido alegre y recordamos todas las cosas buenas que Dios ha hecho entre nosotros, ¡y celebramos!

Con frecuencia en los Salmos, el salmista se toma un momento en medio de las declaraciones de alabanza para instruir a la gente. En el versículo 18, el salmista hace precisamente eso cuando recuerda a sus oyentes, "Si en mi corazón hubiera yo atesorado maldad, el Señor no me habría escuchado". Éste es un llamado a la pureza y al arrepentimiento. ¿Hay alguna cosa que estemos atesorando en nuestros corazones que Dios quiere eliminar que, de hecho, debe ser eliminado antes de que el Señor actúe?

SALMO 68

Acción de gracias en comunidad

✠ Que se levante Dios, que sean dispersados sus enemigos.

◆ Que huyan de su presencia los que le odian.

✠ Pero que los justos se alegren y se regocijen;
que estén felices y alegres delante de Dios.

❖ Canten a Dios, canten salmos a su nombre;
aclamen a quien cabalga por las estepas.
¡Su nombre es el Señor!

(I) Padre de los huérfanos y defensor de las viudas
es Dios en su morada santa.

❖ Canten a Dios, canten salmos a su nombre; aclamen a
quien cabalga por las estepas. ¡Su nombre es el Señor!

(II) Dios da un hogar a los desamparados y libertad
a los cautivos; los rebeldes habitarán en el desierto.

❖ Canten a Dios, canten salmos a su nombre; aclamen
a quien cabalga por las estepas. ¡Su nombre es el Señor!

(III) Bendito sea el Señor, nuestro Dios y Salvador,
que día tras día sobrelleva nuestras cargas.

❖ Canten a Dios, canten salmos a su nombre; aclamen
a quien cabalga por las estepas. ¡Su nombre es el Señor!

(IV) Nuestro Dios es un Dios que salva;
el Señor Soberano nos libra de la muerte.

❖ Canten a Dios, canten salmos a su nombre; aclamen
a quien cabalga por las estepas. ¡Su nombre es el Señor!

✠ Despliega tu poder, oh Dios; haz gala, oh Dios,
de tu poder, que has manifestado en favor nuestro.

◆ Cántenle a Dios, oh reinos de la tierra, cántenle salmos
al Señor, al que cabalga por los cielos, los cielos antiguos.

✠ En tu santuario, oh Dios, eres imponente.
¡Bendito sea Dios!

SALMO 68

Respuesta

"QUE SE LEVANTE DIOS, que sean dispersados sus enemigos, que huyan de su presencia los que le odian". Ésta es una imagen poderosa. Imagina a tus enemigos, el que podría ser una persona; pero, es más probable que sea miedo, amargura, falta de perdón o mentiras del enemigo, huyendo ante el Señor, huyendo de ti.

Entonces regocíjate en esto: "Pero que los justos se alegren y se regocijen; que estén felices y alegres delante de Dios".

En el tercer conjunto de cuentas, la oración es ésta: "Alabado sea el Señor, a Dios nuestro Salvador, que diariamente lleva nuestras cargas". Pregúntale al Señor si hay cargas que estás llevando que él anhela llevar por ti. Responde en oración a lo que dice. Escribe en tu diario.

SALMO 69

Grito de ayuda

✚ Sálvame, Dios mío.

◆ Que las aguas ya me llegan al cuello.

✚ Cansado estoy de pedir ayuda.

❖ Oh Dios, tú sabes lo insensato que he sido;
no te puedo esconder mis transgresiones.

(I) Por tu gran amor, oh Dios, respóndeme;
por tu fidelidad, sálvame.

❖ Oh Dios, tú sabes lo insensato que he sido;
no te puedo esconder mis transgresiones.

(II) Sácame del fango; no permitas que me hunda.

❖ Oh Dios, tú sabes lo insensato que he sido;
no te puedo esconder mis transgresiones.

(III) Líbrame de los que me odian, y de las aguas profundas.

❖ Oh Dios, tú sabes lo insensato que he sido;
no te puedo esconder mis transgresiones.

(IV) Respóndeme, Señor, por tu bondad y tu amor;
por tu gran compasión, vuélvete a mí.

❖ Oh Dios, tú sabes lo insensato que he sido;
no te puedo esconder mis transgresiones.

✚ Con cánticos alabaré el nombre de Dios.

◆ Con acción de gracias lo exaltaré.

✚ Que lo alaben los cielos y la tierra, los mares
y todo lo que se mueve en ellos.

SALMO 69

Respuesta

EN LA LIBERTAD que tenemos de quejarnos, a menudo dejamos de lado la acción de dar gracias; al hacerlo, olvidamos quiénes somos. Olvidamos lo glorioso que es tener acceso al Rey de reyes y al Señor de señores. El Salmo 69:30 dice: "Con acción de gracias lo exaltaré". Dios es glorificado cuando somos agradecidos. Cuando te escuches quejándote, pídele al Señor que te ayude a practicar la acción de gracias.

El Salmo 69:16 dice: "Respóndeme, Señor, por tu bondad y tu amor; por tu gran compasión, vuélvete a mí". Cuando le pedimos su misericordia, es el gran amor de Dios que miramos. Cuando no sabemos cómo orar en una situación determinada, pedir la misericordia del Señor lo cubre todo. Siempre lo necesitamos.

SALMO 71

Oración de ayuda

✚ En ti, Señor, me he refugiado.

◆ Jamás me dejes quedar en vergüenza.

✚ Por tu justicia, rescátame y líbrame;
    dígnate escucharme, y sálvame.

❖ Da la orden de salvarme, porque tú eres mi roca,
    mi fortaleza.

(I) Tú, Soberano Señor, has sido mi esperanza;
    en ti he confiado desde mi juventud.

❖ Da la orden de salvarme, porque tú eres mi roca,
    mi fortaleza.

(II) No me rechaces cuando llegue a viejo;
    no me abandones cuando me falten las fuerzas.

❖ Da la orden de salvarme, porque tú eres mi roca,
    mi fortaleza.

(III) Dios mío, no te alejes de mí;
    Dios mío, ven pronto a ayudarme.

❖ Da la orden de salvarme, porque tú eres mi roca,
    mi fortaleza.

(IV) Pero yo siempre tendré esperanza, y más y más te alabaré.

❖ Da la orden de salvarme, porque tú eres mi roca,
    mi fortaleza.

✚ Todo el día proclamará mi boca tu justicia y tu salvación,
    aunque es algo que no alcanzo a descifrar.

◆ Haré memoria de tu justicia, de tu justicia solamente.

✚ Oh Santo de Israel, gritarán de júbilo mis labios cuando
    yo te cante salmos, pues me has salvado la vida.

SALMO 71

Respuesta

CONSIDERA EL SALMO 71:5: "Tú, Soberano Señor, has sido mi esperanza; en ti he confiado desde mi juventud". Tener esperanza en las Escrituras es tener esperanza sobre algo seguro. No es una ilusión. Nuestra esperanza está puesta sobre el Señor soberano, seguro y constante, en quien no hay sombra, debido al cambio. Por lo tanto, podemos tener confianza de que nos va a rescatar.

Libro III

ADORACIÓN
Y SANTUARIO

En verdad, cuán bueno es Dios con Israel
(su pueblo), con los puros de corazón.

Yo estuve a punto de caer, y poco me faltó
para que resbalara.

Sentí envidia de los arrogantes,
al ver la prosperidad de esos malvados.

— Salmo 73:1-3

SALMO 80

Oración corporativa

✠ ¡Escúchanos! Pastor de Israel.

◆ Tú que reinas entre los querubines.

✠ ¡Muestra tu poder, y ven a salvarnos!

❖ Restáuranos, oh Dios; haz resplandecer
    tu rostro sobre nosotros, y sálvanos.

(I) ¿Hasta cuándo, Señor, Dios Todopoderoso,
    arderá tu ira contra las oraciones de tu pueblo?

❖ Restáuranos, oh Dios; haz resplandecer
    tu rostro sobre nosotros, y sálvanos.

(II) Por comida, le has dado pan de lágrimas;
    por bebida, lágrimas en abundancia.

❖ Restáuranos, oh Dios; haz resplandecer
    tu rostro sobre nosotros, y sálvanos.

(III) ¡Vuélvete a nosotros, oh Dios Todopoderoso!
    ¡Asómate a vernos desde el cielo!

❖ Restáuranos, oh Dios; haz resplandecer
    tu rostro sobre nosotros, y sálvanos.

(IV) Bríndale tu apoyo al hombre de tu diestra,
    al ser humano que para ti has criado.

❖ Restáuranos, oh Dios; haz resplandecer
    tu rostro sobre nosotros, y sálvanos.

✠ Nosotros no nos apartaremos de ti.

◆ Reavívanos, e invocaremos tu nombre.

✠ ¡Escúchanos! Pastor de Israel.

SALMO 80

Respuesta

LAS ORACIONES CORPORATIVAS en los Salmos, a veces aparecen como respuesta a algún desastre nacional. Algo le ha sucedido a la nación de Israel, y claman al Señor. Aunque fue escrito para la nación de Israel, es una oración bien recibida, mientras oramos por nuestra propia comunidad de fe, así como por nuestras ciudades, estados y país.

Aunque "pastor" a menudo da una imagen de una figura que guía gentilmente, debemos recordar que "Pastor es el título de Dios como Rey, que dirige, protege y provee a su pueblo" (Mays 262).

En los versículos 8 y 9, que no están incluidos en la meditación, hay una imagen clara de Dios plantando para sí mismo un pueblo. En el versículo 15, "el hijo del hombre que tú has criado por ti mismo", significa la nación de Israel (Mays 264).

SALMO 84

Himno de alabanza

✚ ¡Cuán hermosas son tus moradas!

◆ ¡Señor Todopoderoso!

✚ Anhelo con el alma los atrios del Señor.

❖ Con el corazón, con todo el cuerpo,
  canto alegre al Dios de la vida.

(I) Dichoso el que habita en tu templo,
  pues siempre te está alabando.

❖ Con el corazón, con todo el cuerpo,
  canto alegre al Dios de la vida.

(II) Dichoso el que tiene en ti su fortaleza,
  que sólo piensa en recorrer tus sendas.

❖ Con el corazón, con todo el cuerpo,
  canto alegre al Dios de la vida.

(III) Según avanzan los peregrinos, cobran más fuerzas,
  y en Sión se presentan ante el Dios de dioses.

❖ Con el corazón, con todo el cuerpo,
  canto alegre al Dios de la vida.

(IV) Vale más pasar un día en tus atrios que mil fuera de ellos.

❖ Con el corazón, con todo el cuerpo,
  canto alegre al Dios de la vida.

✚ Señor Todopoderoso, rey mío y Dios mío.

◆ Cuán hermosas son tus moradas.

✚ Señor Todopoderoso,
  dichosos los que en ti confían.

SALMO 84

Respuesta

MEDITA en el Salmo 84:5: "Dichoso el que tiene en ti su fortaleza, que sólo piensa en recorrer tus sendas". ¿Qué significa para ti estar en peregrinación con el Señor? Escribe en tu diario.

_____

_____

_____

_____

_____

_____

SALMO 86

Oración de ayuda

✠ Atiéndeme, Señor; respóndeme.

◆ Pues pobre soy y estoy necesitado.

✠ Presérvame la vida, pues te soy fiel.

❖ Compadécete, Señor, de mi, porque a ti clamo todo el día.

(I) Reconforta el espíritu de tu siervo, porque a ti,
Señor, elevo mi alma.

❖ Compadécete, Señor, de mi, porque a ti clamo todo el día.

(II) Tú, Señor, eres bueno y perdonador;
grande es tu amor por todos los que te invocan.

❖ Compadécete, Señor, de mi, porque a ti clamo todo el día.

(III) En el día de mi angustia te invoco, porque tú me respondes.

❖ Compadécete, Señor, de mi, porque a ti clamo todo el día.

(IV) Porque tú eres grande y haces maravillas;
¡sólo tú eres Dios!

❖ Compadécete, Señor, de mi, porque a ti clamo todo el día.

✠ Instrúyeme, Señor, en tu camino para
conducirme con fidelidad.

◆ Dame integridad de corazón para temer tu nombre.

✠ Señor mi Dios, con todo el corazón te alabaré,
y por siempre glorificaré tu nombre.

SALMO 86

Respuesta

CONSIDERA EL SALMO 86:7 (el tercer conjunto de cuentas): "En el día de mi angustia te invoco, porque tú me respondes". Ésta es una gloriosa promesa de fe. Dios nos va a contestar. Si hoy es un día de problemas para ti, derrama tus problemas a Dios - todos ellos. Entrégaselos con agradecimiento de que el Creador del Universo es tu Padre Celestial. Él te está escuchando y va a responder.

La segunda vez que oramos la Cuenta de Resurrección es del versículo 11: "Instrúyeme, Señor, en tu camino para conducirme con fidelidad". El mejor lugar para aprender el camino de Dios es en las Escrituras. Meditar en su Palabra abre camino en nuestras almas para que nos direccionemos en su verdad. Hoy considera llevar este versículo contigo para meditar.

SALMO 89:1-18

Alabando la fidelidad del Señor

✠ Oh Señor, por siempre cantaré la grandeza de tu amor.

◆ Declararé que tu amor permanece firme para siempre.

✠ Los cielos, Señor, celebran tus maravillas.

❖ ¿Quién en los cielos es comparable al Señor?

(I) ¿Quién como tú, Señor Dios Todopoderoso,
   rodeado de poder?

❖ ¿Quién en los cielos es comparable al Señor?

(II) Tuyo es el cielo, y tuya la tierra;
   tú fundaste el mundo y todo lo que contiene.

❖ ¿Quién en los cielos es comparable al Señor?

(III) La justicia y el derecho son el fundamento de tu trono,
   y tus heraldos, el amor y la verdad.

❖ ¿Quién en los cielos es comparable al Señor?

(IV) Dichosos los que saben aclamarte.

❖ ¿Quién en los cielos es comparable al Señor?

✠ Dichosos los que caminan a la luz de tu presencia,
   oh Señor.

◆ Todo el día se alegran en tu nombre
   y se regocijan en tu justicia.

✠ Oh Señor, por siempre cantaré la grandeza de tu amor.

SALMO 89:1-18

Respuesta

LOS SALMOS me hacen recordar la majestad de Dios. Quedo asombrada de su grandeza como el único Dios y único creador de todo.

Medita en el tercer conjunto de cuentas del versículo 14: "La justicia y el derecho son el fundamento de tu trono, y tus heraldos, el amor y la verdad". ¿Qué significa que la justicia y el derecho sean el fundamento del trono del Padre?

Lee todo el Salmo 89 y disfruta de la riqueza de la hipérbole que el escritor ha usado para describir lo que Dios hace por aquellos en quienes se deleita.

_____

_____

_____

_____

_____

_____

_____

Libro IV

RECORDANDO

Señor, tú has sido nuestro refugio
  generación tras generación.

Desde antes que nacieran los montes
  y que crearas la tierra y el mundo,

desde los tiempos antiguos y hasta
  los tiempos postreros, tú eres Dios.

  — Salmo 90:1-2

SALMO 91

Salmo de confianza

✚ El que habita al abrigo del Altísimo se acoge
a la sombra del Todopoderoso,

◆ Yo le digo al Señor: "Tu eres mi refugio, mi fortaleza,
el Dios en quien confío".

✚ Bajo sus alas hallarás refugio.

❖ ¡Su verdad será tu escudo y tu baluarte!

(I) No temerás el terror de la noche,
ni la flecha que vuela de día.

❖ ¡Su verdad será tu escudo y tu baluarte!

(II) Ya que has puesto al Señor por tu refugio,
al Altísimo por tu protección,
ningún mal habrá de sobrevenirte.

❖ ¡Su verdad será tu escudo y tu baluarte!

(III) Porque él ordenará que sus ángeles
te cuiden en todos tus caminos.

❖ ¡Su verdad será tu escudo y tu baluarte!

(IV) "Yo lo libraré, porque él se acoge a mí;
lo protegeré, porque reconoce mi nombre".

❖ ¡Su verdad será tu escudo y tu baluarte!

✚ "El me invocará, y yo le responderé".

◆ "Estaré con él en momentos de angustia;
lo libraré y lo llenaré de honores".

✚ "Lo colmaré con muchos años de vida
y le haré gozar de mi salvación".

SALMO 91

Respuesta

CONSIDERA LOS TERRORES que interrumpen tu sueño. Escríbelos en tu diario y conversa con el Altísimo acerca de ellos. Haz lo mismo con las flechas que vuelan de día. ¿Cuáles son las luchas y dificultades que enfrentas en el día? Escribe éstas también y confía en que Jesús, quien es poderoso para salvarte, te va a rescatar.

_____

_____

_____

_____

_____

_____

_____

SALMO 92

Salmo de alabanza

✠ ¡Cuán bueno, Señor, es darte gracias...

◆ ...y entonar, oh Altísimo, salmos a tu nombre!

✠ Proclamar tu gran amor por la mañana,
    y tu fidelidad por la noche.

❖ Alabaré jubiloso las obras de tus manos.

(I) Oh Señor, ¡cuán imponentes son tus obras,
    y cuán profundos tus pensamientos!

❖ Alabaré jubiloso las obras de tus manos.

(II) Los insensatos no lo saben,
    los necios no lo entienden.

❖ Alabaré jubiloso las obras de tus manos.

(III) Solo tú, Señor, serás exaltado para siempre.

❖ Alabaré jubiloso las obras de tus manos.

(IV) Como palmeras florecen los justos;
    como cedros del Líbano crecen.

❖ Alabaré jubiloso las obras de tus manos.

✠ (Los justos) florecen en los atrios de nuestro Dios.

◆ Aun en su vejez, darán fruto.

✠ El Señor es mi Roca,
    y en él no hay injusticia.

SALMO 92

Respuesta

¿POR QUÉ ES IMPORTANTE para nosotros saber que "no hay maldad" ni injusticia en el Señor?

Saber que Dios no es malo, es importante, no solo en nuestras propias vidas, sino también cuando tenemos la oportunidad de compartir nuestra fe. Sólo el Señor es bueno, y no hay maldad en él. Las personas a menudo se resisten a Jesús porque todavía hay maldad en el mundo. Si estamos seguros de la bondad de Dios, fortalecerá nuestra fe y nuestra capacidad de compartirla.

SALMO 93

Alabanza

✠ El Señor reina, revestido de esplendor.

◆ El Señor se ha revestido.

✛ Ha desplegado su poder.

❖ Ha establecido el mundo con firmeza;
jamás será removido.

(I) Desde el principio se estableció tu trono,
y tú desde siempre has existido.

❖ Ha establecido el mundo con firmeza;
jamás será removido.

(II) Se levantan las aguas, Señor;
se levantan las aguas con estruendo.

❖ Ha establecido el mundo con firmeza;
jamás será removido.

(III) Pero el Señor, en las alturas, se muestra poderoso:
más poderoso que el estruendo de las muchas aguas,
más poderoso que los embates del mar.

❖ Ha establecido el mundo con firmeza;
jamás será removido.

(IV) Dignos de confianza son, Señor, tus estatutos.

❖ Ha establecido el mundo con firmeza;
jamás será removido.

✛ ¡La santidad es el adorno de tu casa!

◆ Oh Señor, para siempre.

✠ El Señor reina.

SALMO 93

Respuesta

ES A TRAVÉS DE ALABANZAS al Señor que declaramos que él es el Rey. En este salmo se nos da una manera de alabar la realeza de Dios. ¿Cómo te ayuda este salmo a imaginar la realeza de nuestro Padre Celestial? ¿Qué elementos de este cántico empoderan tu alabanza al Señor? Ora. Alaba. Escribe en tu diario.

_____

_____

_____

_____

_____

_____

SALMO 95

Himno de alabanza

✠ Vengan, cantemos con júbilo al Señor.

◆ Aclamemos a la roca de nuestra salvación.

✠ Lleguemos ante él con acción de gracias.

❖ Porque el Señor es el gran Dios,
  el gran Rey sobre todos los dioses.

(I) En sus manos están los abismos de la tierra;
  suyas son las cumbres de los montes.

❖ Porque el Señor es el gran Dios,
  el gran Rey sobre todos los dioses.

(II) Suyo es el mar, porque él lo hizo;
  con sus manos formó la tierra firme.

❖ Porque el Señor es el gran Dios,
  el gran Rey sobre todos los dioses.

(III) Vengan, postrémonos reverentes,
  doblemos la rodilla ante el Señor nuestro Hacedor.

❖ Porque el Señor es el gran Dios,
  el gran Rey sobre todos los dioses.

(IV) Porque él es nuestro Dios y nosotros somos el pueblo
  de su prado; ¡somos un rebaño bajo su cuidado!

❖ Porque el Señor es el gran Dios,
  el gran Rey sobre todos los dioses.

✠ Si ustedes oyen hoy su voz.

◆ Lleguemos ante él con acción de gracias.

✠ Vengan, postrémonos reverentes, doblemos la rodilla.

SALMO 95

Respuesta

LOS ANTIGUOS ESCRITORES del Antiguo Testamento, frecuentemente, escribían sobre Dios, de tal manera, para explicar su singularidad, su grandeza, en comparación con los dioses adorados por las culturas a su alrededor. Las religiones del Cercano Oriente tenían muchos dioses. El salmista y los otros escritores del Antiguo Testamento, a menudo, establecen el hecho de que su Dios, el único Dios verdadero, es el más grande de todos los dioses. Por ejemplo, "Porque el Señor es el gran Dios, el gran Rey sobre todos los dioses" no está escrito para incluir a otros dioses, sino para explicarle a las naciones que sólo hay un Dios.

Los Salmos, habitualmente, adoran a Dios porque él es el Creador de los cielos y de la tierra. Él nos creó; por lo tanto, debemos arrodillarnos ante nuestro creador y escuchar su voz. Descansa en la verdad de que perteneces a Dios. Envuélvete en su presencia. Escucha. Escribe en tu diario.

SALMO 96

Alaba al Señor

✚ Canten al Señor un cántico nuevo;
  canten al Señor, habitantes de toda la tierra.

◆ Canten al Señor, alaben su nombre.

✚ Anuncien día tras día su victoria.

❖ Proclamen su gloria entre las naciones,
  sus maravillas entre todos los pueblos.

(I) Grande es el Señor y digno de alabanza.

❖ Proclamen su gloria entre las naciones,
  sus maravillas entre todos los pueblos.

(II) El esplendor y la majestad son sus heraldos;
  hay poder y belleza en su santuario.

❖ Proclamen su gloria entre las naciones,
  sus maravillas entre todos los pueblos.

(III) Tributen al Señor, pueblos todos, tributen al Señor
  la gloria y el poder.

❖ Proclamen su gloria entre las naciones,
  sus maravillas entre todos los pueblos.

(IV) Póstrense ante el Señor en la majestad de su santuario;
  ¡tiemble delante de él toda la tierra!.

❖ Proclamen su gloria entre las naciones,
  sus maravillas entre todos los pueblos.

✚ Que se diga entre las naciones, "¡El Señor es rey!"

◆ Ha establecido el mundo con firmeza; jamás será removido.
  Él juzga a los pueblos con equidad.

✚ ¡Alégrense los cielos, regocíjese la tierra!

SALMO 96

Respuesta

LA NACIÓN DE ISRAEL y los escritores de los Salmos declaran la gloria del Señor entre ellos mismos y a las naciones, recordando la creación, el rescate de Egipto y la provisión en el desierto. ¿Cómo declaras la gloria del Señor en tu vida? ¿Cómo declaras la gloria de Dios a los demás?

_____

_____

_____

_____

_____

_____

SALMO 97

Himno de alabanza

✚ ¡El Señor es rey! ¡Regocíjese la tierra!

◆ La rectitud y la justicia son la base de su trono.

✚ Sus relámpagos iluminan el mundo;
al verlos, la tierra se estremece.

❖ Ante el Señor, dueño de toda la tierra,
las montañas se derriten como cera.

(I) Los cielos proclaman su justicia,
y todos los pueblos contemplan su gloria.

❖ Ante el Señor, dueño de toda la tierra,
las montañas se derriten como cera.

(II) Sean avergonzados todos los idólatras.

❖ Ante el Señor, dueño de toda la tierra,
las montañas se derriten como cera.

(III) Señor, por causa de tus juicios Sión escucha esto y se alegra.

❖ Ante el Señor, dueño de toda la tierra,
las montañas se derriten como cera.

(IV) Porque tú eres el Señor Altísimo, por encima de toda la
tierra. ¡Tú estás muy por encima de todos los dioses!

❖ Ante el Señor, dueño de toda la tierra,
las montañas se derriten como cera.

✚ El Señor ama a los que odian el mal;
él protege la vida de sus fieles.

◆ La luz se esparce sobre los justos,
y la alegría sobre los rectos de corazón.

✚ Alégrense en el Señor, ustedes los justos,
y alaben su santo nombre.

SALMO 97

Respuesta

QUÉ GLORIOSA SERÍA la tierra si se alegrara porque reconoce que el Señor reina. ¿Sería diferente el mundo si todos los que invocamos a Cristo como Rey nos levantáramos y camináramos en la gloria y la bondad de su reinado?

En el versículo que se encuentra en la Cuenta Cruciforme: "Ante el Señor, dueño de toda la tierra, las montañas se derriten como cera" - el salmista proporciona imágenes del poder y la autoridad absoluta que Dios tiene sobre su creación. ¿Sería diferente el mundo que nos rodea si diariamente camináramos, sabiendo que el Señor reina?

Considera el Salmo 97:10: "El Señor ama a los que odian el mal; él protege la vida de sus fieles". ¿Qué significa para ti odiar el mal? Escribe en tu diario.

_____

_____

_____

_____

_____

_____

_____

SALMO 98

Himno de alabanza

✚ Canten al Señor un cántico nuevo,
porque ha hecho maravillas.

◆ Su diestra, su santo brazo, ha alcanzado la victoria.

✚ El Señor ha hecho gala de su triunfo;
ha mostrado su justicia a las naciones.

❖ ¡Todos los confines de la tierra son testigos
de la salvación de nuestro Dios!

(I) ¡Aclamen alegres al Señor, habitantes de toda la tierra!

❖ ¡Todos los confines de la tierra son testigos de la salvación
de nuestro Dios!

(II) ¡Canten salmos al Señor al son del arpa
y de coros melodiosos!

❖ ¡Todos los confines de la tierra son testigos de la salvación
de nuestro Dios!

(III) ¡Aclamen alegres al Señor, el Rey!

❖ ¡Todos los confines de la tierra son testigos de la salvación
de nuestro Dios!

(IV) ¡Brame el mar y todo lo que él contiene;
el mundo y todos sus habitantes!

❖ ¡Todos los confines de la tierra son testigos de la salvación
de nuestro Dios!

✚ ¡Batan palmas los ríos, y canten jubilosos todos los montes!

◆ Canten delante del Señor, que ya viene a juzgar la tierra.

✚ Juzgará al mundo con justicia, a los pueblos con equidad.

SALMO 98

Respuesta

A LA LUZ DE LA GLORIOSA REVELACIÓN, el regocijarse es la respuesta correcta. "El Señor ha hecho gala de su triunfo; ha mostrado su justicia a las naciones". "Todos los confines de la tierra son testigos de la salvación de nuestro Dios". Por lo tanto, el salmista dice: "¡Aclamen alegres al Señor!"

¿Cómo cambiaría tu confianza al compartir tu fe con aquellos que no invocan el nombre del Señor, si es que creyeras en tu corazón que el Señor ha hecho su salvación conocida? Saber que el Señor ha revelado su justicia y que los fines de la tierra han visto la salvación de nuestro Dios, es un buen estímulo para compartir lo que nosotros sabemos que es verdad acerca de Jesús.

SALMO 100

Himno de alabanza

✚ Aclamen alegres al Señor, habitantes de toda la tierra.

◆ Adoren al Señor con regocijo.

✚ Preséntense ante él con cánticos de júbilo.

❖ Reconozcan que el Señor es Dios.

(I) Él nos hizo, y somos suyos.

❖ Reconozcan que el Señor es Dios.

(II) Somos su pueblo, ovejas de su prado.

❖ Reconozcan que el Señor es Dios.

(III) Entren por sus puertas con acción de gracias;
vengan a sus atrios con himnos de alabanza.

❖ Somos su pueblo, ovejas de su prado.

(IV) Denle gracias, alaben su nombre.

❖ Somos su pueblo, ovejas de su prado.

✚ Porque el Señor es bueno y su gran amor es eterno.

◆ Su fidelidad permanece para siempre.

✚ Adoren al Señor con regocijo.

SALMO 100

Respuesta

ÉSTE ES UNO DE MIS SALMOS FAVORITOS, un salmo seguro para proveer un cántico de alabanza.

Únete al salmista y adora al Señor con alegría.

_____

_____

_____

_____

_____

_____

_____

SALMO 102

Oración del penitente

✚ Escucha, Señor, mi oración; llegue a ti mi clamor.

◆ No escondas de mí tu rostro cuando me
       encuentro angustiado.

✚ Inclina a mí tu oído; respóndeme pronto cuando te llame.

❖ Pues mis días se desvanecen como el humo,
       los huesos me arden como brasas.

(I) Pero tú, Señor, reinas eternamente;
       tu nombre perdura por todas las generaciones.

❖ Pues mis días se desvanecen como el humo,
       los huesos me arden como brasas.

(II) Las naciones temerán el nombre del Señor;
       todos los reyes de la tierra reconocerán su majestad.

❖ Pues mis días se desvanecen como el humo,
       los huesos me arden como brasas.

(III) Que se escriba esto para las generaciones futuras,
       y que el pueblo que será creado alabe al Señor.

❖ Pues mis días se desvanecen como el humo,
       los huesos me arden como brasas.

(IV) Miró el Señor desde su altísimo santuario;
       contempló la tierra desde el cielo,
       para oír los lamentos de los cautivos
       y liberar a los condenados a muerte.

❖ Pues mis días se desvanecen como el humo,
       los huesos me arden como brasas.

✚ Para proclamar el nombre del Señor cuando todos los
       pueblos y los reinos se reúnan para adorar al Señor.

◆ En el principio tú afirmaste la tierra,
       y los cielos son la obra de tus manos.

✚ Ellos perecerán, pero tú permaneces…
       siempre el mismo, y tus años no tienen fin.

SALMO 102

Respuesta

A VECES SABEMOS que necesitamos arrepentirnos, pero no sabemos cómo hacerlo. Junto con este Salmo, los Salmos 32 y 51, en este libro de oraciones, son excelentes para el arrepentimiento.

_____

_____

_____

_____

_____

_____

_____

SALMO 103

Himno de alabanza

✚ Alaba, alma mía, al Señor;
　　alabe todo mi ser su santo nombre.

◆ Alaba, alma mía, al Señor,
　　y no olvides ninguno de sus beneficios.

✚ Él perdona todos tus pecados y sana todas tus dolencias,

❖ Él rescata tu vida del sepulcro
　　y te cubre de amor y compasión.

Ⓘ El colma de bienes tu vida y te rejuvenece
　　como a las águilas.

❖ Él rescata tu vida del sepulcro
　　y te cubre de amor y compasión.

ⒾⒾ El Señor es clemente y compasivo,
　　lento para la ira y grande en amor.

❖ Él rescata tu vida del sepulcro
　　y te cubre de amor y compasión.

ⒾⒾⒾ No nos trata conforme a nuestros pecados
　　ni nos paga según nuestras maldades.

❖ El rescata tu vida del sepulcro
　　y te cubre de amor y compasión.

ⒾⓋ Tan lejos de nosotros echó nuestras transgresiones
　　como lejos del oriente está el occidente.

❖ El rescata tu vida del sepulcro
　　y te cubre de amor y compasión.

✚ Él conoce nuestra condición; sabe que somos de barro.

◆ Pero el amor del Señor es eterno
　　y siempre está con los que le temen.

✚ El Señor ha establecido su trono en el cielo;
　　su reinado domina sobre todos.

SALMO 103

Respuesta

EL SALMO 103 es un himno de alabanza. Alabar al Señor es una de las mejores formas que tenemos para compartir nuestra fe. Nos convertimos en evangelistas cuando podemos compartir lo que Dios ha hecho por nosotros. Envuélvete en el salmo, recordando su misericordia y grandeza, y alaba al Señor.

_____

_____

_____

_____

_____

_____

SALMO 104

Alabando al creador

✠ ¡Alaba, alma mía, al Señor! Señor mi Dios,
   tú eres grandioso.

◆ Te has revestido de gloria y majestad.
   Te cubres de luz como con un manto.

✠ Tú pusiste la tierra sobre sus cimientos,
   y de allí jamás se moverá.

❖ Que la gloria del Señor perdure eternamente;
   que el Señor se regocije en sus obras.

(I) ¡Oh Señor, cuán numerosas son tus obras!
      ¡Todas ellas las hiciste con sabiduría!
      ¡Rebosa la tierra con todas tus criaturas!

❖ Que la gloria del Señor perdure eternamente;
   que el Señor se regocije en sus obras.

(II) Todos ellos esperan de ti que a su tiempo les des su alimento.

❖ Que la gloria del Señor perdure eternamente;
   que el Señor se regocije en sus obras.

(III) Si escondes tu rostro, se aterran;
      si les quitas el aliento, mueren y vuelven al polvo.

❖ Que la gloria del Señor perdure eternamente;
   que el Señor se regocije en sus obras.

(IV) Si envías tu Espíritu, son creados.

❖ Que la gloria del Señor perdure eternamente;
   que el Señor se regocije en sus obras.

✠ Cantaré al Señor toda mi vida;
   cantaré salmos a mi Dios mientras tenga aliento.

◆ Quiera él agradarse de mi meditación;
   yo, por mi parte, me alegro en el Señor.

✠ ¡Alaba, alma mía, al Señor!

SALMO 104

Respuesta

OJALÁ hayas comenzado la práctica de llevar contigo un versículo de los Salmos para meditar durante el día. Si no es así, tal vez comenzarás esta práctica hoy. ¿Qué versículo llevarás contigo hoy para meditar y así alabar a nuestro Creador? Escribe en tu diario.

_____

_____

_____

_____

_____

_____

SALMO 105

Himno de alabanza

✠ Den gracias al Señor, invoquen su nombre.

◆ Den a conocer sus obras entre las naciones.

✠ Cántenle, entónenle salmos;
    hablen de todas sus maravillas.

❖ Siéntanse orgullosos de su santo nombre;
    alégrese el corazón de los que buscan al Señor.

(I) Recurran al Señor y a su fuerza;
    busquen siempre su rostro.

❖ Siéntanse orgullosos de su santo nombre;
    alégrese el corazón de los que buscan al Señor.

(II) Recuerden las maravillas que ha realizado,
    sus señales, y los decretos que ha emitido.

❖ Siéntanse orgullosos de su santo nombre;
    alégrese el corazón de los que buscan al Señor.

(III) Él es el Señor, nuestro Dios;
    en toda la tierra están sus decretos.

❖ Siéntanse orgullosos de su santo nombre;
    alégrese el corazón de los que buscan al Señor.

(IV) Él siempre tiene presente su pacto,
    la palabra que ordenó para mil generaciones.

❖ Siéntanse orgullosos de su santo nombre;
    alégrese el corazón de los que buscan al Señor.

✠ Sacó a su pueblo, a sus escogidos,
    en medio de gran alegría y de gritos jubilosos.

◆ Les entregó las tierras que poseían las naciones...
    para que ellos observaran sus preceptos
    y pusieran en práctica sus leyes.

✠ ¡Alabado sea el Señor!

SALMO 105

Respuesta

POR FAVOR, LEE ESTE salmo en su totalidad. Ya que como en muchos de éstos, he dejado fuera gran parte del maravilloso salmo para convertirlos en una oración de meditación. En éste encontrarás la historia de Israel. Las raíces de este salmo se encuentran en Génesis y Éxodo.

La cuenta invitatoria en esta oración proviene del versículo 1b, "Den a conocer sus obras entre las naciones". Aunque no nos olvidamos de las obras de Dios registradas en el Antiguo Testamento, la obra de Jesucristo en la cruz es el mayor acto de salvación que estamos llamados a dar a conocer entre las naciones. Es bueno registrar las obras de salvación de Jesús en nuestras propias vidas, para mantener nuestras propias piedras de recuerdo. Volver a recordar la sanación y salvación que Jesús ha hecho en nuestras vidas es una buena manera de alabar al Señor. Mientras recuerdas lo que ya ha hecho, pregunta si es que hay más sanación, más liberación, más para aprender en esas áreas de tu vida donde el Padre ha estado trabajando.

En el cuarto conjunto de cuentas, oramos: "Él siempre tiene presente su pacto". Investiga qué significa que nuestro Dios es un Dios del Pacto y que tú estás en un pacto con él.

¡Que los corazones de los que buscan al Señor se *ALEGREN!*

SALMO 106

Recordando la misericordia de Dios

✠ Den gracias al Señor, porque él es bueno;
su gran amor perdura para siempre!

◆ Dichosos los que practican la justicia
y hacen siempre lo que es justo.

✠ Recuérdame, Señor, cuando te compadezcas de tu pueblo;
ven en mi ayuda el día de tu salvación.

❖ Los salvó del poder de sus enemigos,
del poder de quienes los odiaban.

(I) Se olvidaron del Dios que los salvó
y que había hecho grandes cosas en Egipto.

❖ Los salvó del poder de sus enemigos,
del poder de quienes los odiaban.

(II) Pero muy pronto olvidaron sus acciones
y no esperaron a conocer sus planes.

❖ Los salvó del poder de sus enemigos,
del poder de quienes los odiaban.

(III) Se olvidaron del Dios que los salvó y que había
hecho grandes cosas en Egipto:
y portentos junto al Mar Rojo.

❖ Los salvó del poder de sus enemigos,
del poder de quienes los odiaban.

(IV) Muchas veces Dios los libró;
pero ellos, empeñados en su rebeldía,
se hundieron en la maldad.

❖ Los salvó del poder de sus enemigos,
del poder de quienes los odiaban.

✠ Al verlos Dios angustiados, y al escuchar su clamor,

◆ Y por su gran amor les tuvo compasión.

✠ Sálvanos Señor, Dios nuestro...para que demos
gracias a tu santo nombre y orgullosos te alabemos.

SALMO 106

Respuesta

EN EL PRIMER CONJUNTO de cuentas, oramos: "Se olvidaron del Dios que los salvó y que había hecho grandes cosas en Egipto". A veces puede parecer que nuestras vidas se están viviendo en Egipto, pero nuestro hogar está en las maravillosas obras de Dios. Así como esas obras sucedieron aquí, en la tierra, Dios está con nosotros ahora. Regresa a tu propio recuerdo de la misericordia salvadora de Dios, recuerda cómo te ha perdonado una y otra vez, y da gracias.

En el segundo conjunto de cuentas, oramos: "Pero muy pronto olvidaron sus acciones y no esperaron a conocer sus planes". *Debemos esperar su consejo; entra en su presencia hoy. Espera, escucha.* Si no escuchas en este momento, ve con fe, que el Señor te responderá. Escucha a medida que vayas en el camino de una "larga obediencia en la misma dirección" (del libro, con el mismo título, de Eugene Peterson).

_____

_____

_____

_____

_____

_____

Libro V

CANCIONES DE ALABANZA

Den gracias al Señor,
 porque él es bueno;
 su gran amor perdura para siempre.

Que lo digan los redimidos del Señor,
 a quienes redimió del poder del adversario.

 — Salmo 107:1-2a

SALMO 111

Himno de alabanza

✠ ¡Alabado sea el Señor!

◆ Alabaré al Señor con todo el corazón.

✠ Grandes son las obras del Señor;
　　　estudiadas por los que en ellas se deleitan.

❖ Gloriosas y majestuosas son sus obras;
　　　su justicia permanece para siempre.

(I) Ha hecho memorables sus maravillas.
　　　¡El Señor es clemente y compasivo!

❖ Gloriosas y majestuosas son sus obras;
　　　su justicia permanece para siempre.

(II) Da de comer a quienes le temen;
　　　siempre recuerda su pacto.

❖ Gloriosas y majestuosas son sus obras;
　　　su justicia permanece para siempre.

(III) Las obras de sus manos son fieles y justas;
　　　todos sus preceptos son dignos de confianza.

❖ Gloriosas y majestuosas son sus obras;
　　　su justicia permanece para siempre.

(IV) Pagó el precio del rescate de su pueblo
　　　y estableció su pacto para siempre.

❖ Gloriosas y majestuosas son sus obras;
　　　su justicia permanece para siempre.

✠ El principio de la sabiduría es el temor del Señor.

◆ Buen juicio demuestran quienes cumplen sus preceptos.

✠ ¡Su nombre es santo e imponente!
　　　¡Su alabanza permanece para siempre!

SALMO 111

Respuesta

EL PAN DIARIO es más que sólo comida, satisface todas nuestras necesidades. Pasa tiempo con el Señor, recordando las formas en que Jesús ha satisfecho tus necesidades. Anótalas en tu diario.

Pasar tiempo en la Palabra nos permite que el Señor sea nuestro maestro y, como resultado, crecemos en sabiduría. La sabiduría del Señor produce una vida establecida en el conocimiento de él, cuya consecuencia es una vida de obediencia a él. El resultado deseado de estudiar las Escrituras es que nos convirtamos en un pueblo que alaba al Señor. Alabado sea el Señor.

SALMO 112

Salmo de alabanza

✠ ¡Alabado sea el Señor!

◆ Dichoso el que teme al Señor…

✠ …el que halla gran deleite en sus mandamientos.

❖ Sus hijos dominarán el país;
    la descendencia de los justos será bendecida.

(I) En su casa habrá abundantes riquezas,
    y para siempre permanecerá su justicia.

❖ Sus hijos dominarán el país;
    la descendencia de los justos será bendecida.

(II) Para los justos la luz brilla en las tinieblas.
    ¡Dios es clemente, compasivo y justo!

❖ Sus hijos dominarán el país;
    la descendencia de los justos será bendecida.

(III) Bien le va al que presta con generosidad,
    y maneja sus negocios con justicia.

❖ Sus hijos dominarán el país;
    la descendencia de los justos será bendecida.

(IV) No temerá recibir malas noticias;
    su corazón estará firme, confiado en el Señor.

❖ Sus hijos dominarán el país;
    la descendencia de los justos será bendecida.

✠ Su corazón estará seguro, no tendrá temor.

◆ Reparte sus bienes entre los pobres;
    su justicia permanece para siempre.

✠ Dichoso el que teme al Señor.

SALMO 112

Respuesta

ESTE SALMO comienza con una bienaventuranza: "Dichoso el que" o "Bienaventurados quienes". En la bienaventuranza: Dichosos los que temen o confían en el Señor, el salmista continúa con los resultados de la vida para aquellos que confían en el Señor. Hay una idea muy clara, a través del salmo, de que confiar en el Señor nos transforma, y por eso vivimos de manera diferente.

Pregúntale al Señor si hay áreas en tu vida en donde no confías en él. Pídele que cambie eso en tu vida. Escucha. Escribe en tu diario.

_____

_____

_____

_____

_____

_____

_____

SALMO 116

Cántico de acción de gracias

✠ Yo amo al Señor porque él escucha mi voz suplicante.

◆ Por cuanto él inclina a mí su oído, lo invocaré toda mi vida.

✠ Caí en la ansiedad y la aflicción.

❖ Entonces clamé al Señor:
"¡Te ruego, Señor, que me salves la vida!"

(**I**) El Señor es compasivo y justo; nuestro Dios es todo ternura.

❖ Entonces clamé al Señor:
"¡Te ruego, Señor, que me salves la vida!"

(**II**) ¡Ya puedes, alma mía, estar tranquila,
que el Señor ha sido bueno contigo!

❖ Entonces clamé al Señor:
"¡Te ruego, Señor, que me salves la vida!"

(**III**) Tú, Señor, me has librado de la muerte,
has enjugado mis lágrimas,
no me has dejado tropezar.

❖ Entonces clamé al Señor:
"¡Te ruego, Señor, que me salves la vida!"

(**IV**) Yo, Señor, soy tu siervo; ¡tú has roto mis cadenas!

❖ Entonces clamé al Señor:
"¡Te ruego, Señor, que me salves la vida!"

✠ Te ofreceré un sacrificio de gratitud e invocaré,
Señor, tu nombre.

◆ Cumpliré mis votos al Señor en presencia de todo
su pueblo, en los atrios de la casa del Señor.

✠ ¡Alabado sea el Señor!

SALMO 116

Respuesta

"AMO AL SEÑOR, porque…" porque él ha escuchado mi voz tantas veces y lo volverá a hacer. Él escuchará mis súplicas por misericordia. Éste conocimiento restaura mi alma y estoy tan llena de gratitud.

Cuando deambulo en el miedo, la ira o la autocompasión, debo volver al descanso del Señor para poder encontrar su paz. Debo orar con el salmista: "Te ruego, Señor, que me salves la vida".

_____

_____

_____

_____

_____

_____

_____

SALMO 119:1-8

La manera de vivir

➕ Dichosos los que van por caminos perfectos.

◆ Los que andan conforme a la ley del Señor.

➕ Dichosos los que guardan sus estatutos.

❖ (Dichosos los que) de todo corazón lo buscan. Jamás hacen
nada malo, sino que siguen los caminos de Dios.

(I) Tú has establecido tus preceptos, para que se
cumplan fielmente.

❖ (Dichosos los que) de todo corazón lo buscan. Jamás hacen
nada malo, sino que siguen los caminos de Dios.

(II) ¡Cuánto deseo afirmar mis caminos para cumplir
tus decretos!

❖ (Dichosos los que) de todo corazón lo buscan. Jamás hacen
nada malo, sino que siguen los caminos de Dios.

(III) No tendré que pasar vergüenzas cuando considere todos
tus mandamientos.

❖ (Dichosos los que) de todo corazón lo buscan. Jamás hacen
nada malo, sino que siguen los caminos de Dios.

(IV) Te alabaré con integridad de corazón, cuando aprenda tus
justos juicios.

❖ (Dichosos los que) de todo corazón lo buscan. Jamás hacen
nada malo, sino que siguen los caminos de Dios.

➕ Tus decretos cumpliré.

◆ No me abandones del todo.

➕ Dichosos los que van por caminos perfectos.

SALMO 119:1-8

Respuesta

SIN CULPA es cómo nos ve el Padre cuando somos de Cristo.

Mientras oro este salmo, me pregunto: ¿Cuáles son sus estatutos, cuáles son sus preceptos? El Antiguo Testamento tiene muchos. Entonces, recuerdo lo que dijo Jesús: "El más importante de los mandamientos es amar al Señor tu Dios con todo tu corazón, con todo tu ser y con toda tu mente, y lo segundo se parece a éste, ama a tu prójimo como a ti mismo". Esta palabra es suficiente para el día. Estos son los dos preceptos en los que me empeño, y oro con el salmista para que mis caminos sean firmes en guardar los estatutos de Dios.

SALMO 121

Una canción de ascenso

✠ A las montañas levanto mis ojos.

◆ ¿De dónde ha de venir mi ayuda?

✜ Mi ayuda proviene del Señor,
　　　creador del cielo y de la tierra.

❖ No permitirá que tu pie resbale;
　　　jamás duerme el que te cuida.

(I) Jamás duerme ni se adormece el que cuida de Israel.

❖ No permitirá que tu pie resbale;
　　　jamás duerme el que te cuida.

(II) El Señor es quien te cuida.

❖ No permitirá que tu pie resbale;
　　　jamás duerme el que te cuida.

(III) De día el sol no te hará daño, ni la luna de noche.

❖ No permitirá que tu pie resbale;
　　　jamás duerme el que te cuida.

(IV) El Señor te protegerá; de todo mal protegerá tu vida.

❖ No permitirá que tu pie resbale;
　　　jamás duerme el que te cuida.

✜ El Señor te protegerá.

◆ En el hogar y en el camino.

✠ Desde ahora y para siempre.

SALMO 121

Respuesta

LOS SALMOS DEL 120 AL 134 se llaman los Cánticos de los Peregrinos (de Ascenso). Estas canciones fueron cantadas cuando el pueblo iba en peregrinación a Jerusalén. Jerusalén se encuentra a una altura de aproximadamente 2,700 pies (822 metros), de ahí viene la idea de ascender y subir a Jerusalén. Los Salmos de Ascenso están llenos de seguridad de la fe y el gozo de la expectativa de ir a la casa del Señor, como en el Salmo 122:1.

Cuando veo a Israel en los Salmos, recuerdo que el pueblo de Dios también puede encajar ahí, incluyéndome.

_____

_____

_____

_____

_____

_____

_____

SALMO 136

Himno de alabanza

✝ Den gracias al Señor, porque él es bueno.

◆ Su gran amor perdura para siempre.

✜ Den gracias al Dios de dioses;
su gran amor perdura para siempre.

❖ Den gracias al Señor omnipotente,
su gran amor perdura para siempre.

(I) Al único que hace grandes maravillas;
su gran amor perdura para siempre.

❖ Den gracias al Señor omnipotente;
su gran amor perdura para siempre.

(II) Al que con inteligencia hizo los cielos;
su gran amor perdura para siempre.

❖ Den gracias al Señor omnipotente;
su gran amor perdura para siempre.

(III) Al que expandió la tierra sobre las aguas;
su gran amor perdura para siempre.

❖ Den gracias al Señor omnipotente;
su gran amor perdura para siempre.

(IV) Al que hizo las grandes luminarias;
su gran amor perdura para siempre.

❖ Den gracias al Señor omnipotente;
su gran amor perdura para siempre.

✜ Al que nunca nos olvida, aunque estemos humillados;
su gran amor perdura para siempre.

◆ Al que nos libra de nuestros adversarios;
su gran amor perdura para siempre.

✝ ¡Den gracias al Dios de los cielos!
¡Su gran amor perdura para siempre!

SALMO 136

Respuesta

EL RECORDAR es un tema principal en el Antiguo Testamento. En los Salmos tenemos la liturgia que nos es transmitida para recordar que Dios creó y Dios salva.

Piensa en tu viaje de fe. ¿Cuáles son las piedras del recuerdo en tu propia vida? ¿Qué historias te vuelves a contar una y otra vez? Pídele al Señor que te recuerde esas experiencias que pudieras haber olvidado, o que tal vez, en ese momento, no veías cómo su mano obraba en el transcurso de estos eventos. Pregúntale si hay más para aprender acerca de esos momentos. Da gracias, alabando a Nuestro Padre que está en los cielos, porque su gran amor perdura para siempre.

SALMO 139

Creado maravillosamente

✚ Señor, tú me examinas, tú me conoces.

◆ Sabes cuándo me siento y cuándo me levanto;
    aun a la distancia me lees el pensamiento.

✚ Mis trajines los conoces; todos mis caminos te son familiares.

❖ No me llega aún la palabra a la lengua cuando tú,
    Señor, ya la sabes toda.

(I) Tu protección me envuelve por completo;
    me cubres con la palma de tu mano.
    Conocimiento tan maravilloso rebasa mi comprensión.

❖ No me llega aún la palabra a la lengua cuando tú,
    Señor, ya la sabes toda.

(II) ¿A dónde podría alejarme de tu Espíritu?
    ¿A dónde podría huir de tu presencia?
    Si subiera al cielo, allí estás tú; si tendiera mi lecho
    en el fondo del abismo, también estás allí.

❖ No me llega aún la palabra a la lengua cuando tú,
    Señor, ya la sabes toda.

(III) Tú creaste mis entrañas; me formaste en el vientre de mi madre.
    ¡Te alabo porque soy una creación admirable!
    ¡Tus obras son maravillosas, y esto lo sé muy bien!

❖ No me llega aún la palabra a la lengua cuando tú,
    Señor, ya la sabes toda.

(IV) Mis huesos no te fueron desconocidos
    cuando en lo más recóndito era yo formado,
    cuando en lo más profundo de la tierra era yo entretejido.

❖ No me llega aún la palabra a la lengua cuando tú,
    Señor, ya la sabes toda.

✚ Tus ojos vieron mi cuerpo en gestación;
    todo estaba ya escrito en tu libro;
    todos mis días se estaban diseñando,
    aunque no existía uno solo de ellos.

◆ ¡Cuán preciosos, oh Dios, me son tus pensamientos!
    ¡Cuán inmensa es la suma de ellos!

✚ Examíname, oh Dios, y sondea mi corazón;
    y guíame por el camino eterno.

SALMO 139

Respuesta

A MENUDO ES DIFÍCIL para nosotros creer que somos una creación admirable. Sin embargo, esto es exactamente lo que el Señor quiere que sepamos acerca de nuestra creación.

James Mays dice que el Salmo 139 es un "clásico doctrinal porque retrata a la existencia humana en todas sus dimensiones en términos del conocimiento, la presencia y el poder de Dios. Esto refleja una comprensión de lo humano como encapsulado en una realidad divina... enseña y confiesa de la manera más completa que 'mis tiempos están en tu mano'" (425).

SALMO 145

Himno de alabanza

✠ Te exaltaré, mi Dios y Rey;
　　por siempre bendeciré tu nombre.

◆ Todos los días te bendeciré;
　　por siempre alabaré tu nombre.

✠ Grande es el Señor, y digno de toda alabanza.

❖ Cada generación celebrará tus obras
　　y proclamará tus proezas.

(I) Se hablará del esplendor de tu gloria y majestad,
　　y yo meditaré en tus obras maravillosas.

❖ Cada generación celebrará tus obras
　　y proclamará tus proezas.

(II) Se hablará del poder de tus portentos,
　　y yo anunciaré la grandeza de tus obras.

❖ Cada generación celebrará tus obras
　　y proclamará tus proezas.

(III) Se proclamará la memoria de tu inmensa bondad,
　　y se cantará con júbilo tu victoria.

❖ Cada generación celebrará tus obras
　　y proclamará tus proezas.

(IV) El Señor es clemente y compasivo,
　　lento para la ira y grande en amor.

❖ Cada generación celebrará tus obras
　　y proclamará tus proezas.

✠ El Señor es bueno con todos;
　　él se compadece de toda su creación.

◆ Tu reino es un reino eterno;
　　tu dominio permanece por todas las edades.

✠ ¡Prorrumpa mi boca en alabanzas al Señor!
　　¡Alabe todo el mundo su santo nombre,
　　por siempre y para siempre!

SALMO 145

Respuesta

"CADA GENERACIÓN celebrará tus obras y proclamará tus proezas". Se nos ha dado la sagrada confianza de ser una generación que transmite la fe, el conocimiento del Único Dios Verdadero, Creador y Guardián de la tierra. Pídele al Señor dirección para transmitir la fe.

_____

_____

_____

_____

_____

_____

_____

SALMO 150

Himno de alabanza

✚ ¡Alabado sea el Señor!

◆ ¡Alaben a Dios en su santuario!

✚ ¡Alábenlo en su poderoso firmamento!

❖ ¡Alábenlo por sus proezas!

(I) ¡Alábenlo por su inmensa grandeza!

❖ ¡Alábenlo por sus proezas!

(II) ¡Alábenlo con sonido de trompeta,
     alábenlo con el arpa y la lira!

❖ ¡Alábenlo por sus proezas!

(III) ¡Alábenlo con panderos y danzas,
     alábenlo con cuerdas y flautas!

❖ ¡Alábenlo por sus proezas!

(IV) ¡Alábenlo con címbalos sonoros,
     alábenlo con címbalos resonantes!

❖ ¡Alábenlo por sus proezas!

✚ ¡Que todo lo que respira...

◆ ¡Alabado sea el Señor!

✚ ¡Alabado sea el Señor!

SALMO 150

Respuesta

EL SALTERIO concluye con esto: "¡Alabado sea el Señor!"

Entonces dejo esto para todos nosotros: ¡Alabado sea el Señor!

¿Dónde lo alabarás?

¿Por qué lo vas a alabar?

¿Con qué lo alabarás?

¡¡ALABADO SEA EL SEÑOR!!

_____

_____

_____

_____

_____

_____

BIBLIOGRAFÍA

Doerr, Nan Lewis and Virginia Stem Owens. *Praying with Beads: Daily Prayers for the Christian Year.* Grand Rapids, Michigan.: William B. Eerdmans Publishing Company, 2007.

Mays, James L. *Interpretation A Bible Commentary for Teaching and Preaching, Psalms.* Louisville, KY: John Knox Press, 1994.

Muyskens, J. David. *Sacred Breath: Forty Days of Centering Prayer.* Nashville, TN: Upper Room Books, 2010.

Wilkinson, Bruce H., Ed. *New Daily Walk Bible.* Atlanta, GA: Tyndale House Publishers, Inc., 1995.

MÁS PARA LEER

Baillie, John. *A Diary of Private Prayer* [1949]. Scribner, 2014.

Benner, David G. *Opening to God: Lectio Divina and Life as Prayer.* IVP, 2010.

Bonhoeffer, Dietrich. *Dietrich Bonhoeffer's Meditations on Psalms.* Trans. and edited by Edwin Robertson. Zondervan, 2005.

Calhoun, Adele Ahlberg. *Spiritual Disciplines Handbook: Practices that Transform Us.* IVP, 2015.

Foster, Richard J. *Prayer: Finding the Heart's True Home.* HarperOne, 2002.

Foster, Richard J. and James Bryan Smith, ed. *Devotional Classics: Selected Readings for Individuals and Groups.* HarperOne, 1993.

Hall, Thelma. *Too Deep for Words: Rediscovering Lectio Divina.* Paulist Press, 2002.

Heald, Cynthia. *Becoming a Woman of Prayer.* NavPress, 2017.

Peterson, Eugene. *Answering God: The Psalms as Tools for Prayer.* HarperOne, 1991.

Peterson, Eugene. *Eat This Book: A Conversation in the Art of Spiritual Reading.* Eerdman's, 2009.

Peterson, Eugene. *A Long Obedience in the Same Direction: Discipleship in an Instant Society.* IVP, 2000.

Schutte, Dan. *Walking the Sacred Path: Spiritual Exercises for Today.* Twenty-Third Publications, 2009.

RECURSOS ADICIONALES

Recursos para hacer cuentas:

http://prayerworksstudio.com/prayer-beads/make-your-own/

El diagrama en este video muestra cuentas de oración con una cuenta de resurrección, pero no está la lista de útiles que se necesitan para hacer las cuentas de oración. Este libro usa la cuenta de resurrección en el formato para orar los salmos.

Recursos para comprar cuentas:

Cuentas de oracion anglicanas y rosarios por UnspokenElements etsy.com

✠ GAFCON

CONFERENCIA SOBRE EL FUTURO GLOBAL ANGLICANO

La Conferencia sobre el Futuro Global Anglicano (GAFCON) es un movimiento de renovación dentro de la Iglesia Anglicana global de cristianos anglicanos, comprometidos a aferrarse a la Biblia como la medida de la verdadera fe cristiana, y a proclamar el evangelio inmutable y transformador de Jesucristo. En respuesta a un largo y constante compromiso en la moral y la doctrina, dentro de partes de la Comunión Anglicana, particularmente sobre cuestiones de autoridad bíblica, más de mil clérigos y líderes laicos (que representan a la mayoría de los anglicanos del mundo) se reunieron en Jerusalén en 2008 y emitieron la Declaración y Afirmación de Jerusalén, estableciendo también un consejo de liderazgo permanente de los arzobispos.

A través del movimiento GAFCON, una misión unida del Evangelio de los anglicanos de todo el mundo ha reafirmado la fe recibida de la Iglesia. El poderoso testimonio de las iglesias del sur del mundo, a menudo frente al terrorismo islámico y el nacionalismo militante, ha dado un renovado vigor a los anglicanos occidentales que enfrentan batallas más sutiles con la política cultural y el declive moral. La evidencia de esta influencia es evidente en el reconocimiento inicial en GAFCON 2008 de la Iglesia Anglicana en América del Norte (ACNA) como provincia miembro de la Iglesia Anglicana. A través de GAFCON, los anglicanos estadounidenses tienen una relación directa e intencional con iglesias hermanas en el sur global, como la Iglesia Anglicana de Ruanda. La relación de los autores de este libro se desarrolló a través de estos vínculos entre las iglesias GAFCON.

Para obtener más información sobre GAFCON y la misión unida de la Conferencia sobre el Futuro Global Anglicano, vaya a *www.gafcon.org*. Para obtener más información sobre la misión en Estados Unidos, visite *www.anglicanchurch.net*.

PEMBROKE STREET PRESS